子どもと健康

発育と生理機能

小泉佳右

三恵社

はじめに（この書籍の使い方）

この書籍は、学習の理解を深めてもらうために、講義中の説明をたくさん書き写してもらうことを念頭に置いて、ノート形式で作成しています。授業では、幼稚園教育要領、保育所保育指針および認定こども園教育・保育要領（以下、教育要領等）の領域「健康」を理解して、実際の指導方法について学ぶことと同時に、その要領等で示されている内容の理論的背景を学んでいただきたいと思います。健康を取り扱う特性上、自然科学や生命科学の知見の上に成り立っていることが多く、これらの知見は多くの研究者が蓄積してきたデータに基づいて理論や定説が出来上がってきました。したがって、教育要領等の理論や定説の根拠となっているデータをよく理解してもらうために、図表を多く取り込んでいます。本書籍を使用する皆さんには、図表の中に講話内容などを書き込み、また文章中の穴埋め個所も同様に埋めていき、自主学習をするために、授業の復習をするために、また授業履修後に幼児の健康に関する知識を振り返るために、わかりやすく使いやすい自分のためのノートを完成させてください。

子どもと健康　－発育と生理機能－　目次

1. 身体の発育発達

1.1. スキャモンの発育曲線

スキャモンの発育曲線とは、20 歳の体格を 100%として、出生時（0%）からの変化を、経年的に示しているものである。発育速度（曲線）は身体各器官で異なるため、大きく 4 つの型に分類して、それぞれの発育変化を曲線で描いている。4 つの型には、（　　　　）型、（　　　　）型、（　　　　　　）型および（　　　　）型がある。

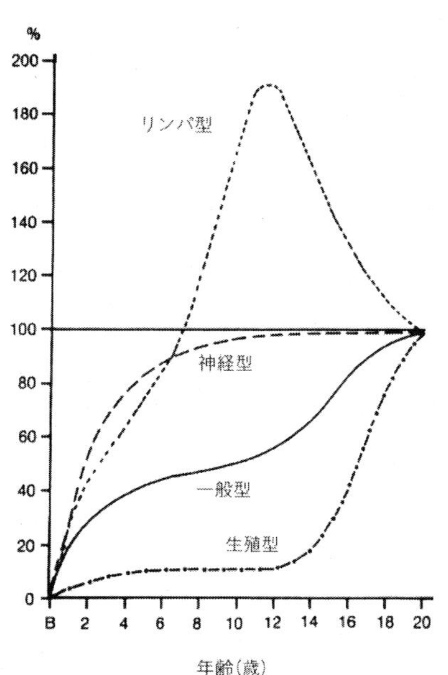

図 1.2 スキャモンの発育曲線
それぞれの型の発育は，出生時から20歳までの全増加量に対する百分率で示されている．20歳のときを100%としている．

（Malina and Bouchard, 事典発育・成熟・運動, 大修館書店, 東京. p. 8. 1995.）

問題

次の身体各部位の発育は、スキャモンの発育発達曲線の 4 つの型のどれに近いか？部位名と型を線で結んでみよう。

脳 ・	
脊髄 ・	
筋 ・	・ 一般型
消化器 ・	
呼吸器 ・	
血管 ・	・ 神経型
睾丸 ・	
卵巣 ・	
胸腺 ・	・ 生殖器型
リンパ腺 ・	
視覚器官 ・	
頭蓋寸法 ・	・ リンパ型
体幹寸法 ・	
四肢寸法 ・	

1.2.　一般型の発育

1.2.1.　身長と体重の発育

身長と体重は、出生直後に生涯で最も大きな発育の期間を迎える。幼児期から学童期にかけてはいったん発育速度は安定するものの、思春期になると発育速度は再度上昇する。思春期の身長の発育速度の最も高まる時期を（　　　　　　　　　　　　　　　　　）と呼ぶ。思春期を終えると、発育は停止する。

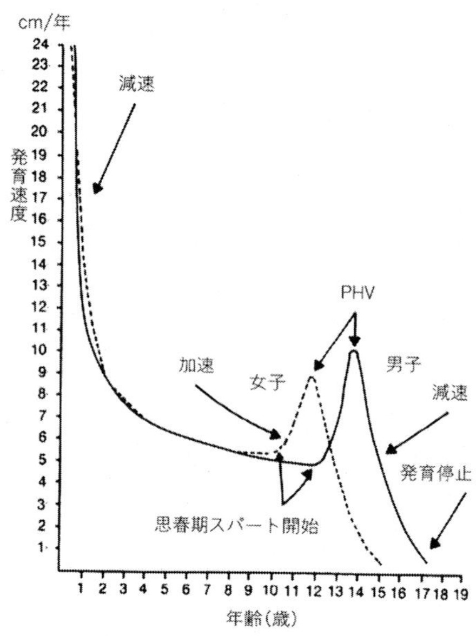

図4.11　身長の典型的な発育速度曲線

（Malina and Bouchard, 事典発育・成熟・運動, 大修館書店, 東京. p. 48. 1995.）

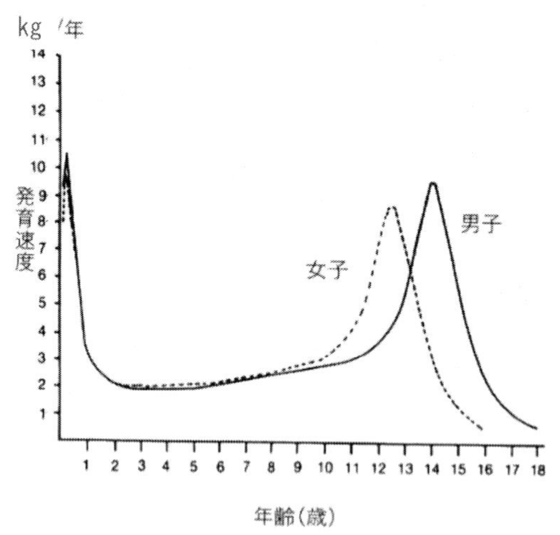

図4.12　体重の典型的な発育速度曲線

（Malina and Bouchard, 事典発育・成熟・運動, 大修館書店, 東京. p. 48. 1995.）

課題

3ページの表から、身長および体重の年齢ごとの中央値を抜き出し、1年ごとの伸びを計算して記入しよう。またそれぞれのデータを、グラフ内にプロットさせて、線で結んでいこう。

表 1-1　一般調査および病院調査による身長の 3、10、25、50、75、90 および 97 パーセンタイル値　年・月・日齢別、性別

(cm)

年・月齢	男子							年・月齢	女子						
	パーセンタイル値								パーセンタイル値						
	3	10	25	50 中央値	75	90	97		3	10	25	50 中央値	75	90	97
出生時	44.9	46.5	47.7	49.0	50.1	51.0	52.0	出生時	45.0	46.1	47.3	48.5	49.7	50.9	52.0
1 年 0~1 月未満	70.4	72.0	73.6	75.4	77.0	78.5	79.9	1 年 0~1 月未満	69.5	70.9	72.3	73.8	75.4	76.8	78.2
2 年 0~6 月未満	81.2	83.1	85.0	87.1	89.1	90.9	92.6	2 年 0~6 月未満	80.7	82.4	84.1	86.0	87.9	89.7	91.4
3 年 0~6 月未満	88.3	90.3	92.3	94.6	97.0	99.2	101.4	3 年 0~6 月未満	87.6	89.5	91.5	93.7	95.9	98.3	100.4
4 年 0~6 月未満	94.5	96.8	99.1	101.6	104.5	107.2	109.8	4 年 0~6 月未満	94.1	96.3	98.5	101.0	103.5	106.1	108.5
5 年 0~6 月未満	100.2	102.7	105.3	108.1	111.4	114.4	117.4	5 年 0~6 月未満	99.8	102.3	104.8	107.6	110.4	112.9	115.4
6 年 0~6 月未満	106.2	109.0	111.8	114.9	118.6	121.8	125.1	6 年 0~6 月未満	105.2	108.0	110.7	113.8	116.9	119.6	122.4

(http://www.mhlw.go.jp/houdou/0110/h1024-4c.html#zu11-1 より一部改変)

表 1-2　一般調査および病院調査による体重の 3、10、25、50、75、90 および 97 パーセンタイル値　年・月・日齢別、性別

(kg)

年・月・日齢	男子							年・月・日齢	女子						
	パーセンタイル値								パーセンタイル値						
	3	10	25	50 中央値	75	90	97		3	10	25	50 中央値	75	90	97
出生時	2.23	2.52	2.76	3.00	3.26	3.51	3.79	出生時	2.25	2.50	2.72	2.95	3.21	3.46	3.73
1 年 0~1 月未満	7.89	8.39	8.90	9.51	10.16	10.77	11.44	1 年 0~1 月未満	7.33	7.79	8.32	8.88	9.49	10.06	10.73
2 年 0~6 月未満	9.97	10.59	11.26	12.07	12.91	13.81	14.74	2 年 0~6 月未満	9.45	10.07	10.77	11.53	12.38	13.26	14.17
3 年 0~6 月未満	11.59	12.28	13.06	13.97	14.99	16.14	17.36	3 年 0~6 月未満	11.03	11.78	12.58	13.49	14.54	15.72	16.92
4 年 0~6 月未満	13.10	13.90	14.82	15.90	17.16	18.60	20.17	4 年 0~6 月未満	12.57	13.46	14.41	15.50	16.79	18.27	19.84
5 年 0~6 月未満	14.63	15.56	16.65	17.96	19.52	21.38	23.40	5 年 0~6 月未満	14.07	15.10	16.23	17.55	19.31	21.09	23.29
6 年 0~6 月未満	15.93	17.14	18.38	19.87	21.94	24.67	28.03	6 年 0~6 月未満	15.49	16.71	18.06	19.69	22.06	24.64	27.71

(http://www.mhlw.go.jp/houdou/0110/h1024-4c.html#zu11-1 より一部改変)

1.2.2. 筋の発育

筋の発育は、身長や体重の発育と同じく（　　　　　　　　）で発達が著しい。思春期で発達速度が上がることを（　　　　　　　　　　　　）と呼ぶ。また、（　　　　　）のほうが思春期スパートを早く迎える。

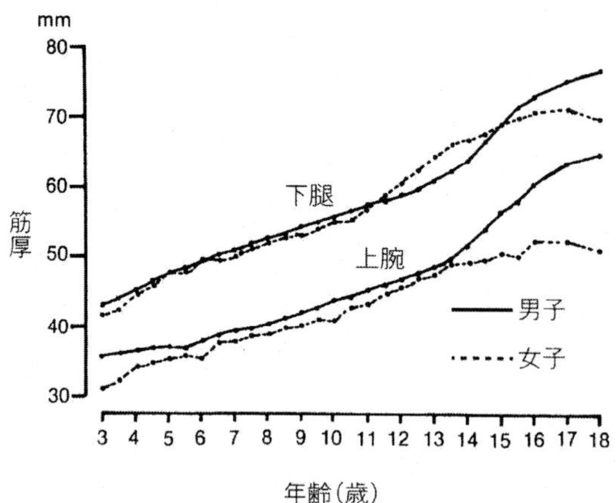

図 8.8　ハーペンデン発育研究プロジェクトによる下腿と上腕の放射線撮影から求めた筋厚平均値の加齢による変化と性差［Tanner, 1981］

（Malina and Bouchard, 事典発育・成熟・運動, 大修館書店, 東京. p. 113. 1995.）

筋が発育することで筋量が増加し、筋力の向上する。筋量と筋力の関係に性差はないと言われている。

立ち幅とびの記録をみると、男子は思春期になると、筋量の増加とともに記録も（　　　　　）する。女子も筋量は増えているはずであるが、（　　　　　　　　　　　　　）する。そのため、体重自体が増加するため、立ち幅とびの記録の向上につながらず、（　　　　　）する。

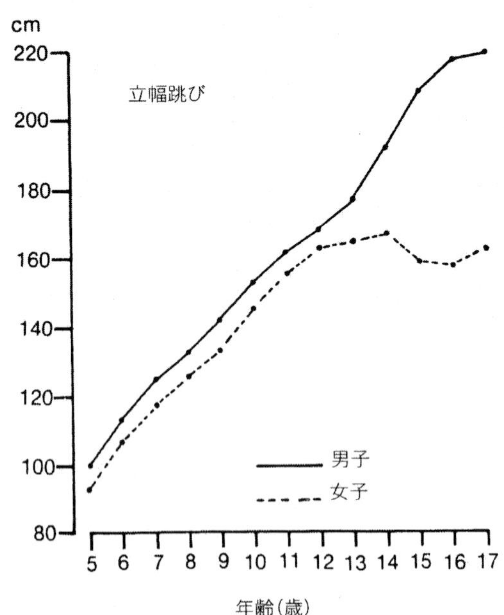

図 12.6　立幅跳び（5～17歳）の記録
［Haubenstricker と Seefeldt, 1986］

（Malina and Bouchard, 事典発育・成熟・運動, 大修館書店, 東京. p. 166. 1995.）

1.2.3.　骨の発育

長管骨（細長い骨）中央部分は、外側はカルシウム等が沈着している形質部分であり、内側は若年期には脊髄等が満たされている空洞部分とで構成される。長管骨を側面からみた際、中央部分の幅を全幅、空洞部分を骨髄腔幅、形質部分（左右の両方の厚みを足した幅）を緻密質幅と、それぞれ呼ぶ。

骨の発育は、（　　　　　　　　　　）傾向を示す。全幅だけでなく、骨髄腔幅と緻密質幅のそれぞれの要素に分けても、（　　　　　）傾向を示すことがわかる。

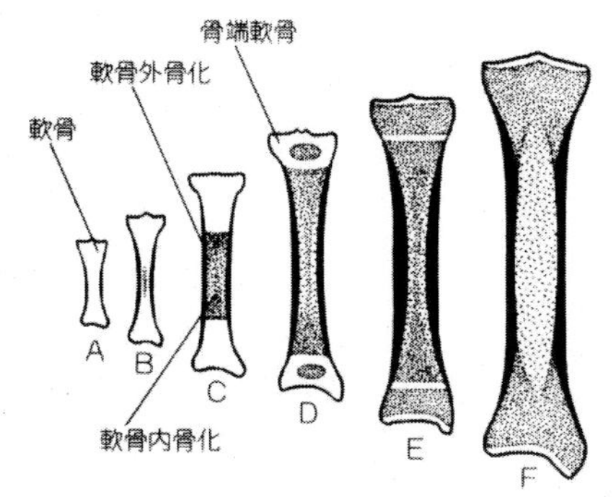

（杉原隆ら. 保育内容「健康」，ミネルヴァ書房，京都. p. 18. 2001.）

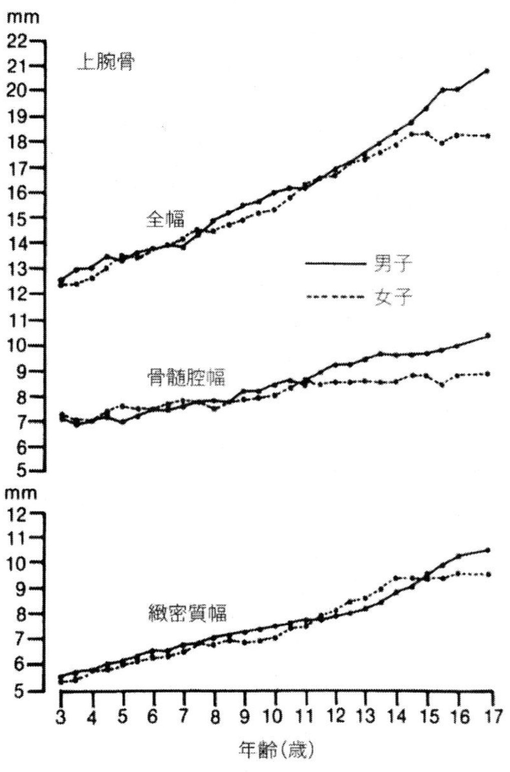

上腕骨の発達

（Malina and Bouchard，事典発育・成熟・運動，大修館書店，東京. p. 98. 1995.）

1.3.　神経型の発育

神経型の中枢である脳の重量は、成人を100%とすると、1歳で約（　　　　）%、8歳で約（　　　　）%になるといわれている。

脳内の神経細胞の樹状突起（ネットワークのケーブルのような役割を有する、細胞間伝達に必要な部位）の発達をみると、誕生直後の樹状突起に比べ、生後3か月では増加し、神経回路が（　　　　　　）していることがわかる。さらに1年3か月後を見ると、場所によって樹状突起の有無が明瞭になってくる。これは、不要なものは消失し、必要な樹状突起のみが残存しているからであり、機能が（　　　　　　）していることを示している。

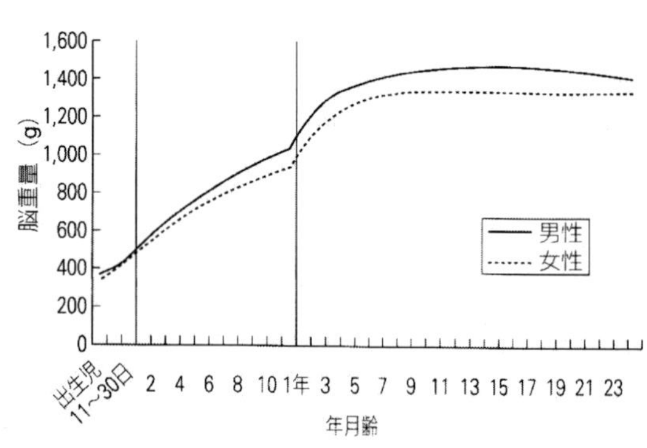

図 12　臓器重量発育値：脳（文献1より作図）

（小林寛道. 子どもと発育発達, Vol. 1, pp. 85-89. 2003.）

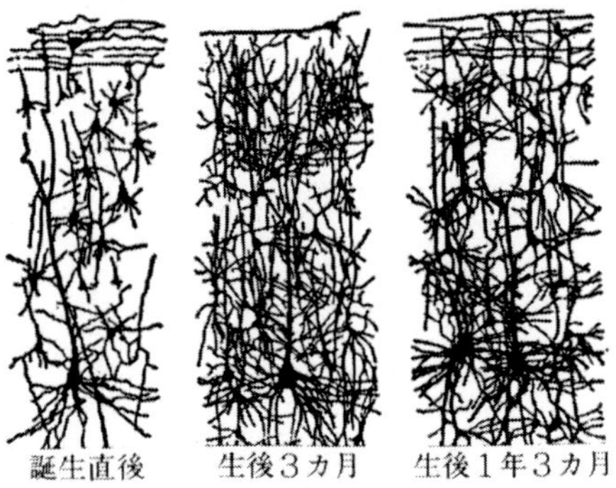

誕生直後　　生後3カ月　　生後1年3カ月

図2－7　樹状突起の成長に伴うからみ合いの発達（Conol より）

（菊池秀範, 石井美晴. 改訂　子どもと健康, 萌文書林, 東京. p. 17. 1999.）

生後以降の情緒面の発達は、出生直後は興奮のみしかないが、3か月頃には快や不快の情緒が発達するといわれている。1年後には、愛情や得意といったものや、怒りや嫌悪、おそれなどの情緒も生じるようになり、次第に豊かになる。このように、感じられる情緒が（　　　　　　）されていく。

初歩的な運動技能は6～7歳ごろまでに獲得されるといわれている。跳躍動作の発達を例に挙げると、動作の習熟度は5段階にて評価することができる。跳躍はするものの腕が下がったままで膝伸展が不十分の状態

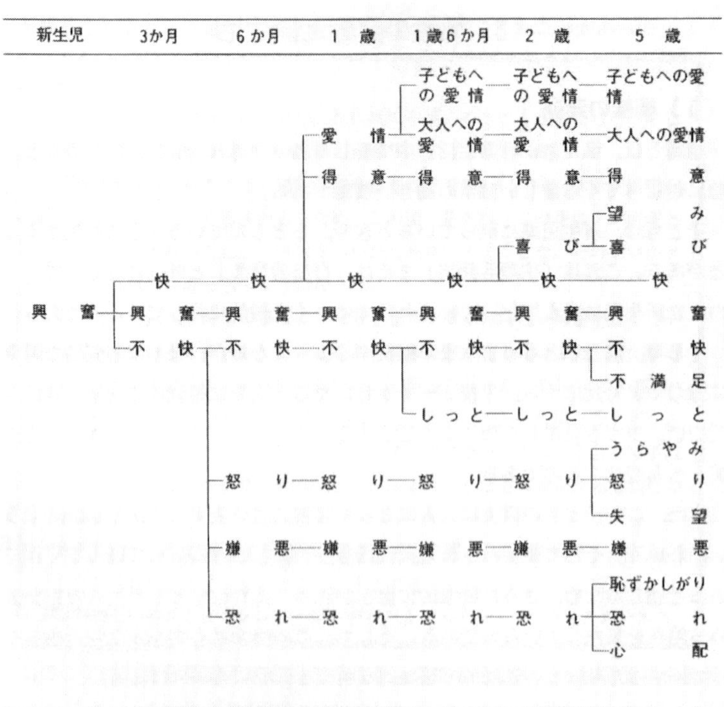

図5－1　情緒の分化（Bridges, K. M. B., 1932）

（榎沢良彦ら. シードブック保育内容健康第2版, 建帛社, 東京. p. 66. 2009.）

を Pattern 1、跳躍と同調する腕の上下動が生じる状態を Pattern 2、両腕の前方への小さな振りが生じる状態を Pattern 3、腕の後方への振りがみられ体幹の前傾が生じる状態を Pattern 4、腕の運動域が増大し体幹の深い前傾が認められる状態を Pattern 5 とする。24 名の対象者のうち、3 歳児では Pattern 2 以下の動作様式の子どもが 16 名（66.7%）いたのに対して、4 歳児では Pattern 3 を示す子どもが 11 名（45.8%）となり、さらに 5 歳になると 18 名（75.0%）が Pattern 4 以上を示した。このように、幼児期は初歩的な運動技能（(

)) を習得し、高める時期である。

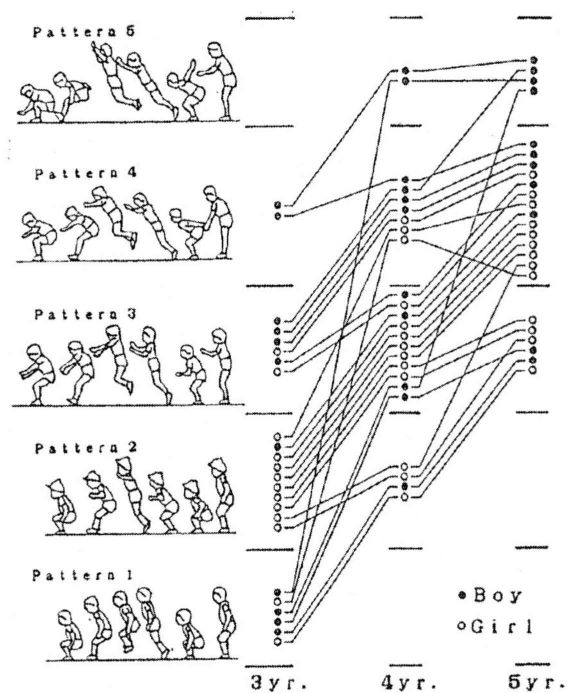

図1．3歳から5歳までの跳動作様式の変容

（中村和彦ら．日本体育学会第 40 回大会号, 508, 1989.）

1.4. 生殖器型の発育

睾丸と精巣の重量は、(　　　　　　　　)に到達すると大きく(　　　　　)する。思春期におけるそれぞれの性の特徴的な変化（性器の発達、声変わり、ひげの発毛、乳房の発達、精通、初潮、など）を（　　　　　）という。ちなみに、第一次性徴とは生殖器そのもののことを指す。性器の発達には、（　　　　　　　　　）の分泌が影響をもたらしている。

性ホルモンのほとんどは、生殖器から分泌される。テストステロンは、精巣から分泌される(　　　　　)ホルモンである。男性の第二次性徴である（　　　　　　　　　）や（　　　　　　　）の発育発達を促すホルモンである。エストラディオールは卵巣の卵胞から分泌される(　　　　　)ホルモンであり、エストロゲン（卵胞ホルモン）の一種である。女性の第二次性徴である(　　　　　)のコントロールや(　　　　　)の発育発達を促すホルモンである。

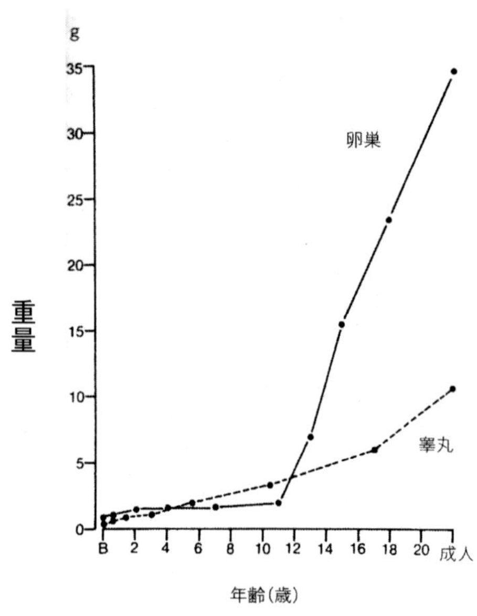

図 20.4　発育期の睾丸および卵巣の平均重量
[Boyd, 1952]

（Malina and Bouchard, 事典発育・成熟・運動, 大修館書店, 東京. p. 289. 1995.）

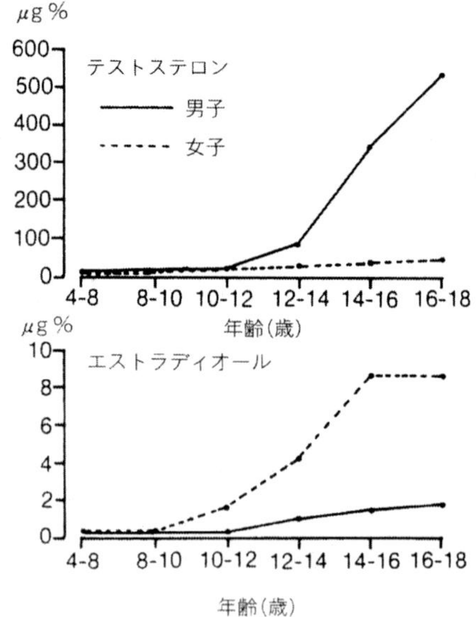

図 20.7　男女の血清テストステロン濃度(上)と血清エストラディオール濃度(下)の暦年齢変化
[Winter, 1978]

（Malina and Bouchard, 事典発育・成熟・運動, 大修館書店, 東京. p. 291. 1995.）

1.5. リンパ型の発育

胸腺は、胸骨の後面に位置し、T リンパ球の分化（成長）に大きく寄与する。T 細胞の T は胸腺の英名である Thymus の頭文字である。

胸腺は、（　　　　　　　　　　　　）し、2〜3 歳のころは身体容積に比べて極めて大きな器官である。その後も発育を続け、約（　　　）歳で最大重量に到達するなど、他の器官に比べて最大成長時点が早く、その後は（　　　　　）するのが特徴である。40 歳代で産生される新たな T 細胞は、新生児期の 100 分の 1 以下に低下するといわれている。胸腺が退縮し、新しい T 細胞の産生は減少する一方で、2 回目以降の抗原との遭遇に対して強く速い応答を可能にするメモリーT 細胞が増加するため、免疫機能全体は補完される。

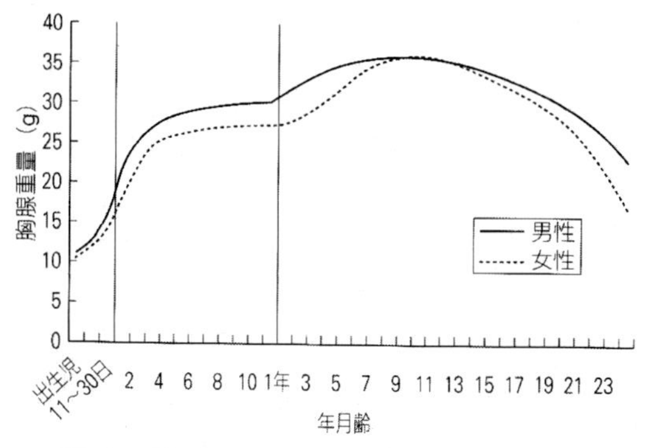

図 13 臓器重量発育値：胸腺（文献 1 より作図）

（小林寛道. 子どもと発育発達, Vol. 1, pp 85-89. 2003.）

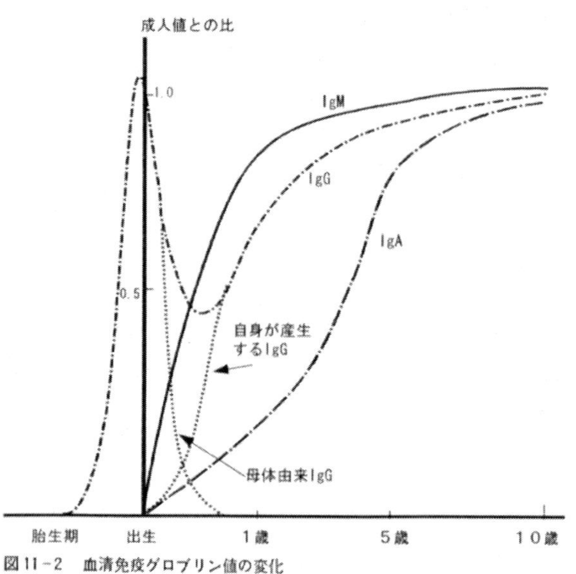

図11－2 血清免疫グロブリン値の変化

（加藤精彦. 乳幼児の健康科学, 放送大学教育振興会, 東京. p. 148. 1996.）

胎児期から乳児期における免疫抗体の変化もとても特徴的である。胎児期においては、母体で産生された免疫抗体が、臍帯を経由して胎児の体内に存在している。出生して臍帯から切り離されたのち、しばらくは母体由来の免疫抗体により新生児の免疫応答は生じるが、徐々に母体由来の免疫抗体は消失する。一方で、出生後に病原体に遭遇することによって本人由来の免疫抗体の産生が開始するものの、しばらくはその生成能力は低い。母体由来の免疫抗体が大きく消失し、本人由来の免疫抗体の産生が未熟な期間は、免疫抗体の合計数が少なく、生体防御機能が（　　　　　　　　　　　　　　　　　　）な状況であるといえる。

1.6.　発育発達に関わる後天的要因

次の表 19.6 は、一卵性双生児（同じ遺伝子を有する双子）と二卵性双生児（異なる遺伝子を有する双子）の、身長と体重の相関係数を月年齢別に示したものである。このグラフから、以下のことが読み取れる。

一卵性と二卵性を比較すると、その相関係数が大きく異なり、遺伝子の違いにより身長および体重が大きく異なることを示している。

一卵性だけをみると、数値が 1 にならず、身長や体重の決定に、後天的な要因（遺伝以外の、出生後の生活習慣等による影響）が含まれていることがわかる。

表 19.6　身長と体重の双生児間相関係数
[Wilson, 1986]

年齢	身長		体重	
	一卵性	二卵性	一卵性	二卵性
出生時	.66	.77	.64	.71
3か月	.77	.74	.78	.66
6か月	.81	.70	.82	.62
12か月	.86	.69	.89	.58
2歳	.88	.59	.88	.55
3歳	.93	.59	.89	.52
4歳	.94	.59	.85	.50
5歳	.94	.57	.86	.54
6歳	.94	.56	.87	.57
7歳	.94	.51	.88	.54
8歳	.95	.49	.88	.54
9歳	.93	.49	.88	.62

注）サンプル数952人.

（Malina and Bouchard, 事典発育・成熟・運動, 大修館書店, 東京. p. 272. 1995.）

問題

出生後に（後天的に）、身体の発育に影響を与える要因を挙げてみよう。

1.6.1.1. 栄養

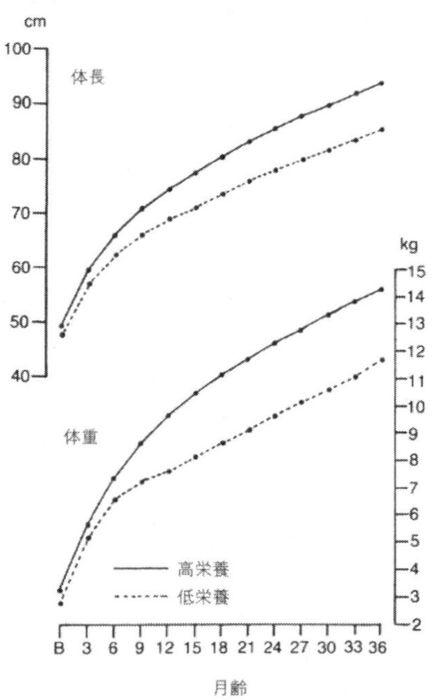

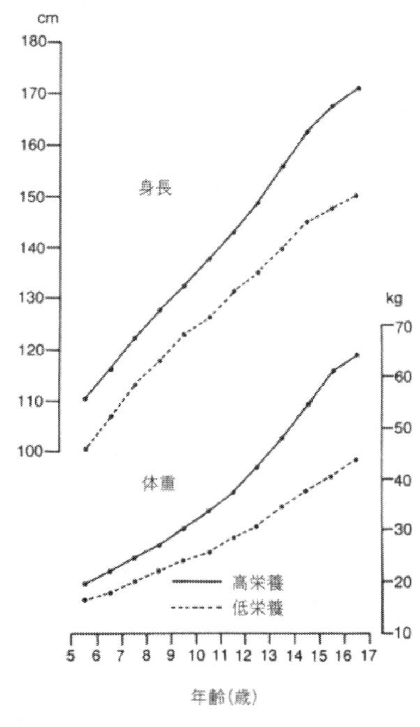

図 23.13　メキシコにおける高栄養と低栄養の就学前の子どもの平均体長と体重
[高栄養(Ramos　Galvan 1975), 低栄養(Scholl 1975)]

図 23.14　メキシコにおける高栄養と低栄養の学童の平均身長と体重
[高栄養(Ramos　Galvan 1975), 低栄養(Malina)]

（Malina and Bouchard. 事典発育・成熟・運動, 大修館書店, 東京. p. 349. 1995.）

1.6.1.2. 運動（身体活動）

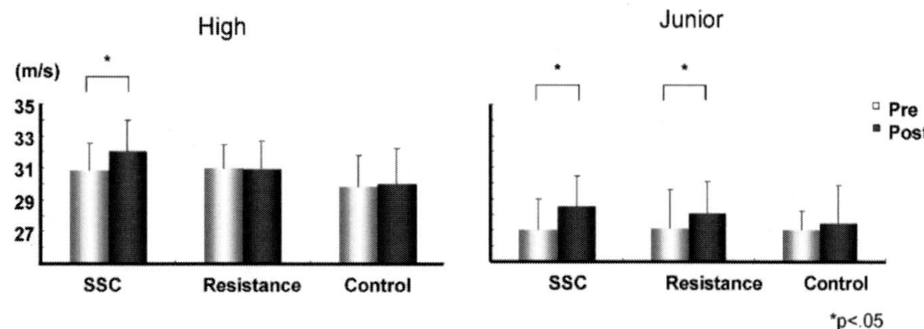

Fig 10　Comparison of ball speed in each training group.

（比留間浩介ら. 体育学研究 56: 129-142, 2011.）

1.6.1.3. 環境

1.6.1.3.1. 受動喫煙

表 23.4　両親の喫煙に関連した，6～11歳児の推定平均身長発育遅延［Berkey ら，1984］

	推定発育不足(cm)	
1 日の喫煙本数	母親の喫煙	父親の喫煙
非喫煙者	0	0
ライト・スモーカー（1～9 本/日）	−0.45	−0.04
ヘビー・スモーカー（10+本/日）	−0.65	−0.10

（Malina and Bouchard. 事典発育・成熟・運動, 大修館書店, 東京. p. 340. 1995.）

1.6.1.3.2.　都市化

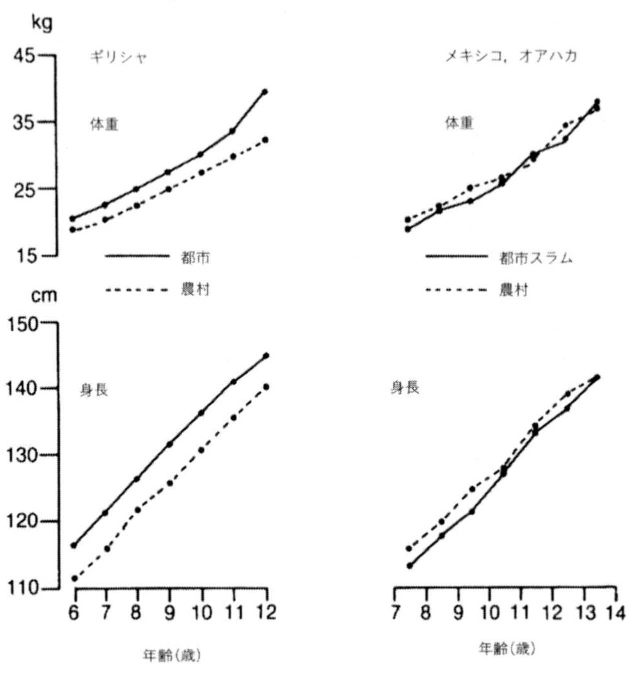

図 23.5　ギリシャとメキシコの都市と農村における女子の平均身長と体重
［ギリシャ（Eveleth と Tanner 1976），メキシコ（Malina）］
同様の傾向は男子においても明瞭である．

（Malina and Bouchard. 事典発育・成熟・運動, 大修館書店, 東京. p. 341. 1995.）

1.6.1.4.　心理的・社会的ストレス

食物を分配し、食べるときの、心理的あるいは感情的な条件の影響もまた、子どもの発育に作用する。たとえば 1948 年（第二次大戦後）の旧西ドイツの 2 つの市営孤児院の子供の身長と体重で、それが明らかにされた。2 つの孤児院の子どもたちは、6 か月間同じ食事をとっていた。しかし、次の 6 か月では、一方の孤児院ではパン、ジャム、オレンジジュースを無制限に与えられたが、他方の孤児院はそうではなかった。この 2 つの孤児院においては、子どもの身長と体重が、1 年の間、2 週間ごとに測定が繰り返された。初めの 6 か月の観察期間中、2 つの孤児院の子どもはそれぞれの増加率で体重が増加していた。しかし、後半の 6 か月ではパンの量を制限されなかった孤児院の子どもが、最初の 6 か月の観察期間中の体重増加量と同じ程度の増加にとどまったのに対して、もう一方の孤児院ではパンは最初の 6 か月と同量しか与えられなかったにもかかわらず、著しく体重が増加した。2 つの孤児院の子どもの発育の差異は、互いの孤児院担当の大人によるしつけ方に関連した感情的なストレスに明らかに関係がある。より多くの配給量を受けた孤児院では、その寮母がとても厳格で、食事の間にしばしば子どもを公然と叱責したり非難したのであった。

実際の食物を食べるときの心理的・感情的な環境は、発育中の個人が食べる量、そしておそらくエネルギーや栄養素の利用に影響すると思われる。たとえ孤児院で十分な栄養素が手に入るとしても、寮母がその影響学的過程に影響し、さらに発育に影響を与える重要な要因であったことは明らかであろう。したがって、食物と栄養素以上に栄養に強く影響するものが存在するということである。食事は社会的活動であり、その活動の情況は結果に影響を及ぼすのである。

（Malina and Bouchard. 事典発育・成熟・運動, 大修館書店, 東京. pp. 341-342. 1995.）

2. 体温調節と自律神経機能

2.1. 体温調節のしくみ

体温は体内における熱産生と熱放散のバランスによって保たれている。深部体温が（　　　）℃に保たれるのは、体内で（　　　　　　　　　）を発生するための作用発揮に最適温であるからと考えられている。

体温をコントロールする部分（中枢）は（　　　　　　　）にある。視床下部は、（　　　　　　　）の中枢でもあり、生体の（　　　　　）維持に重要な役割を果たす。

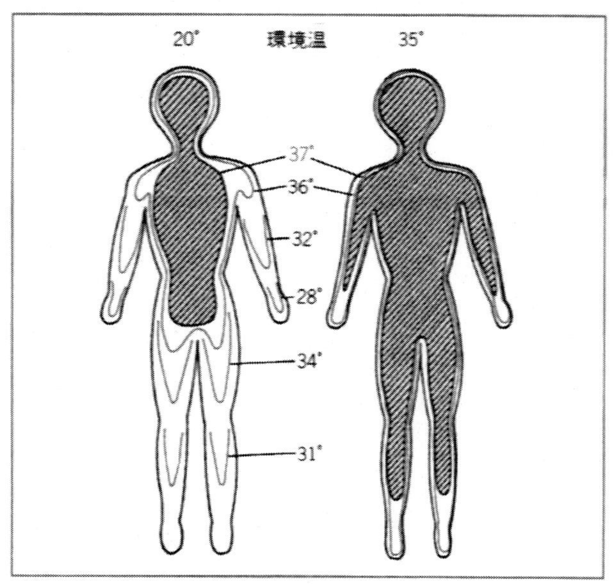

図 13-8　環境温 20°C と 35°C における身体内部の温度勾配，等温線を模式的に示す
（Aschoff, and Wever：Nat. Wiss., 45：477, 1985 より）

（本郷利憲ら. 標準生理学. 医学書院, 東京, p. 832, 2005.）

2.2. 熱の産生と放散のしくみ

2.2.1. 熱産生

2.2.1.1. 細胞の生命活動による熱産生

細胞は個体の（　　　　　　　　　　　）するために代謝を持続するが、その産物として熱を発生する。また、サイロキシンやカテコールアミンなどの（　　　　　　）の影響や細胞自身の温度の上昇により、細胞の生命活動は活性化し、熱産生を増大させる。

2.2.1.2. ふるえ熱産生

（　　　　　　　　）で生じる熱産生。（　　　　　　　　）で筋収縮を反復させ、熱を産生する現象。

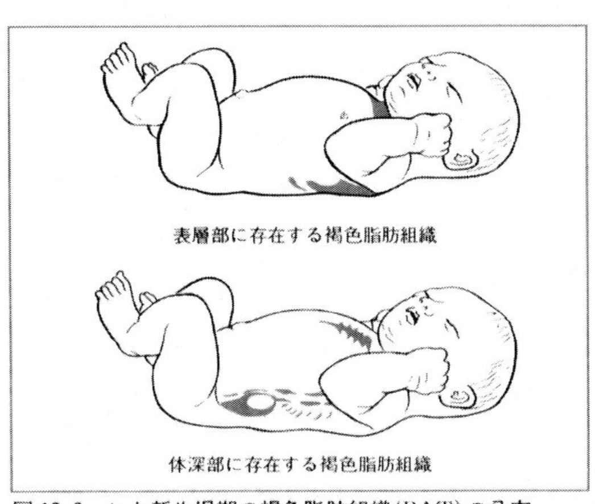

図 13-3　ヒト新生児期の褐色脂肪組織(BAT)の分布
表層部の BAT は肩甲骨間や頸部に，深部の BAT は大動脈周囲や後腹膜などに存在する。(Blatteis, C. M.：Physiology and pathophysiology of temperature regulation, p.65, World Scientific, 1998 を改変)

（本郷利憲ら. 標準生理学. 医学書院, 東京, p. 826, 2005.）

2.2.1.3. 非ふるえ熱産生

主として（　　　　　　　　　　　　）で生じる熱産生。（　　　　　　）期には明確に確認されるが、成人するとその存在がはっきりしなくなる。この細胞内には、（　　　　　　　　　　　）が多く含まれる。

2.2.2.　熱放散

2.2.2.1.　放射

身体から発する（　　　　　　　）の放出

2.2.2.2.　蒸発

（　　）が蒸発するときの（　　　　　　　）として利用される

2.2.2.3.　対流

皮膚から（　　　　　）への熱の移動

2.2.2.4.　伝導

皮膚から（　　　　　）への熱の移動

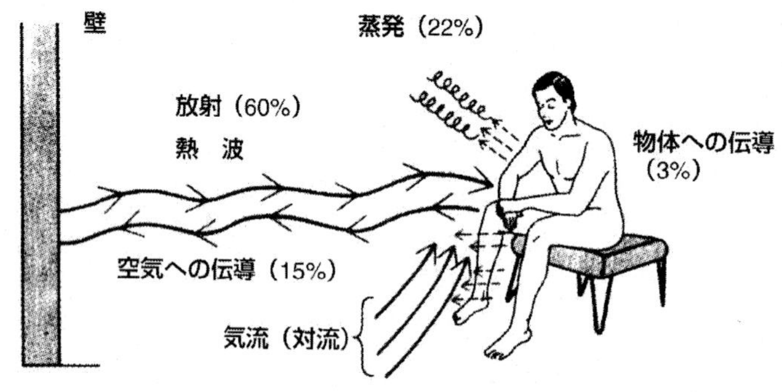

図73-4　生体からの熱放散機構

（Guyton CA and Hall JE. ガイトン臨床生理学. 医学書院, 東京, p. 919, 1999.）

2.2.3.　体温調節反応

表 9-1. 体温調節反応の種類

物理的要因	自律性調節	行動性調節
環境温		快適環境への移動 日向と日陰の選択など 人工的冷暖房
熱産生	ふるえ 非ふるえ熱産生	身体運動 食物摂取（特異動的作用） 熱い食物・冷たい食物の摂取
熱抵抗 体内一体表 体表一外界	皮膚血流 立毛 呼吸（非蒸発性熱放散）	着衣 巣づくり 隠れ家探し 熱伝導の異なる環境選択 （風，水など） 扇風機による風 通風
水分蒸発	発汗 呼吸（蒸発性熱放散） 鼻汁・唾液の分泌	体表の水分・唾液・鼻汁の塗布 着衣を湿らす
幾何学的要因		姿勢 個体の集合

（Hensel, H：Thermoreception and Temperature Regulation. p 15, Academic Press, 1981 を改変）

（堀清記. TEXT 生理学. 南山堂. 東京. p. 212, 1999.）

2.3.　視床下部

間脳の一部である視床下部は、さらにさまざまな領野（部位）に区分される。役割としては自律神経系の中枢として機能することであるが、体性神経系や内分泌系にも影響を及ぼす。

視床下部は、生体の（　　　　　　）の維持に重要な働きを持つ。視床下部のニューロン（神経細胞）は、血液の温度、血糖値、細胞外液浸透圧などを直接感受し、また視床下部外からの末梢の受容器からのいろいろな感覚性情報を受け取る。ニューロンは、それらの情報を統合処理して生体の内部環境の恒常性を維持する各種反応を引き起こす。
また視床下部は、（　　　　）行動、（　　　　）行動、（　　　）行動などの本能的な行動様式や、（　　　　）、（　　　　）などの情動行動の統合中枢でもある。

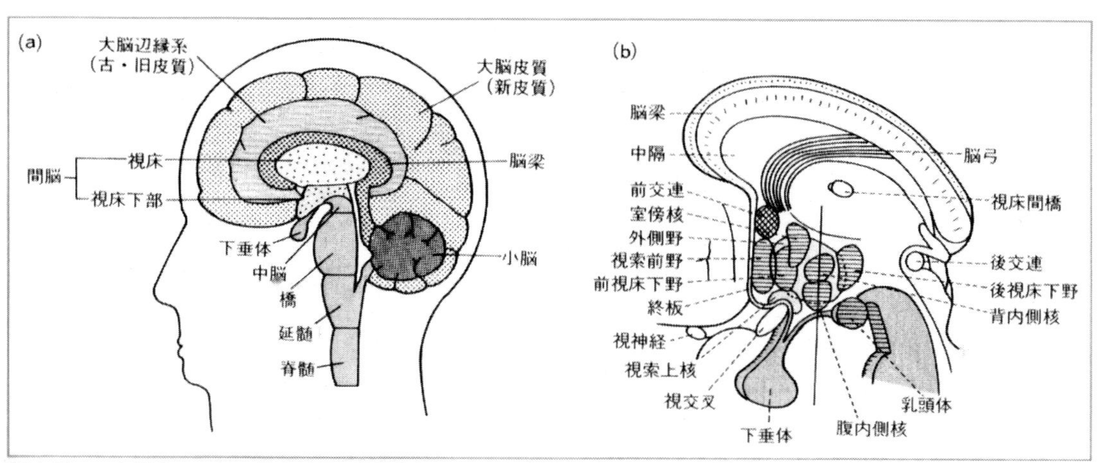

図 6-26　ヒト脳内における視床下部の位置(a)と，その縦断面上での主な区分(b)
着色部：腹内側核を通る摂食および満腹中枢レベル。これらは基本的にはすべての動物で同じである。(Mogenson：The neurobiology of behavior, 1977 を改変)

（本郷利憲ら. 標準生理学. 医学書院, 東京, p. 433, 2005.）

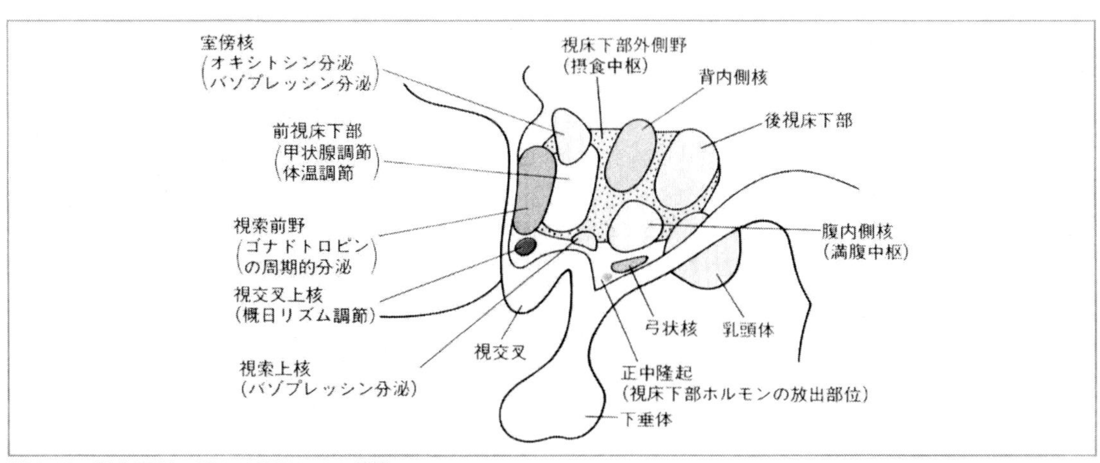

図 6-20　視床下部の種々の領野とその機能
(Krieger, D.T., and Hughes, J.C.：Neuroendocrinology, p.14, Sinauer, 1980 を改変)

（本郷利憲ら. 標準生理学. 医学書院, 東京, p. 423, 2005.）

2.4.　自律神経系

自律神経系とは、自分の意志とは無関係に、(　　　　　　) に生体機能を調節する神経系のことである。中枢 (脳) からさまざまな器官につながり、生体の恒常性を維持している。自律神経系は、(　　　　) 神経系と (　　　　　　) 神経系の 2 つに大別される。

一般に、交感神経系は (　　　　) や (　　　　) の神経、一方で副交感神経系は (　　　) や (　　　　　　　) の神経などと表現され、その機能は多くの場合対極的である。このような 2 つの機能が対立する神経支配のことを (　　　　　　) 神経支配という。多くの器官は、両神経による (　　　　) 神経支配を受ける。

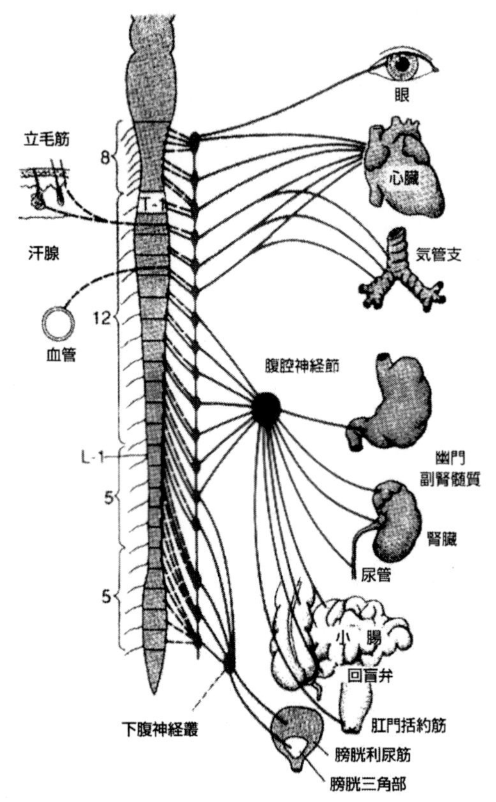

図 60-1　交感神経系．破線の部分は灰白交通枝の節後線維で，脊髄神経となって血管，汗腺，立毛筋に分布する．

(Guyton CA and Hall JE. ガイトン臨床生理学．医学書院，東京, p. 770, 1999.)

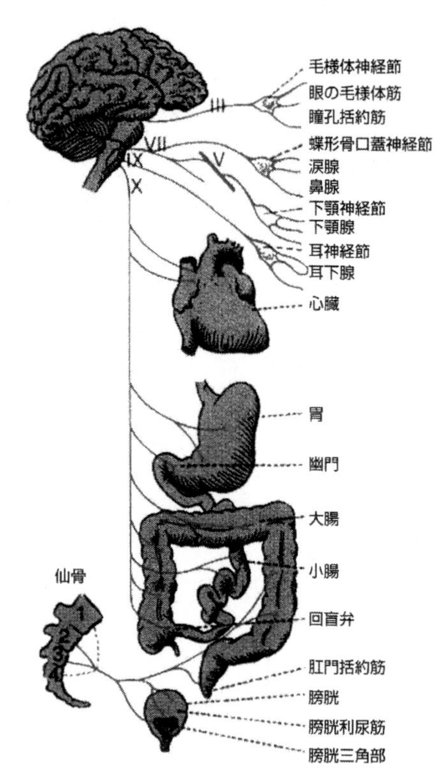

図 60-3　副交感神経系

(Guyton CA and Hall JE. ガイトン臨床生理学．医学書院，東京, p. 771, 1999.)

問題

前のページの説明を参考にして、交感神経系（左）および副交感神経系（右）の働きによってそれぞれの器官がどのように変化するか考えてみよう。

	交感神経系	副交感神経系
瞳孔		
涙腺、鼻腺、下顎腺、耳下腺	＼	
気管支		＼
心拍数		
血圧		
血管		＼
立毛筋		＼
副腎髄質（カテコールアミンの分泌）		＼
腎臓		＼
胃、小腸、大腸の活動		
肛門括約筋		
膀胱利尿筋（膀胱全体）		
膀胱三角部（膀胱の出口付近）		

HRV 自律神経バランス 結果レポート説明

自律神経

ストレスは万病の元

私たちは、手や足は自分の意思で自由に動かすことができますが、心臓の動きや腸の動きといった臓器の動きを意識的にコントロールすることはできません。そうした意識的に**コントロールできない**体の様々な動きをコントロールしているのが**自律神経**です。人間の体は、「交感神経」と「副交感神経」という２つの自律神経が交互に体を支配することでバランスをとっています。

交感神経　（別名：緊張の神経・昼の神経）・・・心拍数を増やし、血圧を上昇させ、人間が活動するのに必要な身体の条件を作るように働く
副交感神経（別名：リラックスの神経・夜の神経）・・・心拍数を下げ、血圧を下げ、人間が休息するのに適切な身体の状況を作るように働く

自律神経の乱れ　►　血流障害　►　低体温

交感神経
副交感神経

私たちの体をさまざまな病気から守ってくれている免疫システムも、この自律神経バランスのもとで機能するようにプログラムされているため、自律神経バランスの乱れはさまざまな病気を招いてしまいます。
交感神経の緊張状態が続くと、心身の興奮、血管の収縮による血流障害が起こります。副交感神経が優位な状態が続くと、血管の拡張によって、血流はうっ血し、循環障害になります。こうした自律神経のバランスの崩れは、低体温状態引き起こし免疫がはたらく上での、**必要な熱が不足して更なる免疫力の低下**を招きます。

参考書籍：「体温を上げると健康になる」

どうしてわかるの？

①② 心拍数は一般には１分間に心臓が何回収縮するかという回数で表しますが、１拍ずつ測定し分析すると、その間隔は毎回少しずつ違います。
心拍一拍ごとの変動を測定することにより、限りなく変化する環境に対する体内での適応能力を推定することができます。

健康で調節能力が優れている人は変動が大きく、
血液中の酸素濃度・体温・血圧などに敏感に反応し、
早い時間内に対応することができます

自律神経活動度（SDNN）

	Value	Unit	Ln
Beat count	178		
SDNN	30.9	ms	
RMSSD	20	ms	3.00
HRV index	7.41		
pNN50	1	%	
NN50 count	3		
PSI	369		5.91
CVAA	3.6		

適正範囲

10代	42 - 112	40代	25 - 95
20代	36 - 106	50代	19 - 89
30代	31 - 100	60代	14 - 84

自律神経バランス分析結果

①
②
③
④

集まった心拍データを周波数分析すると、２つの周波数領域（高周波数領域／低周波領域）に分けることができます。

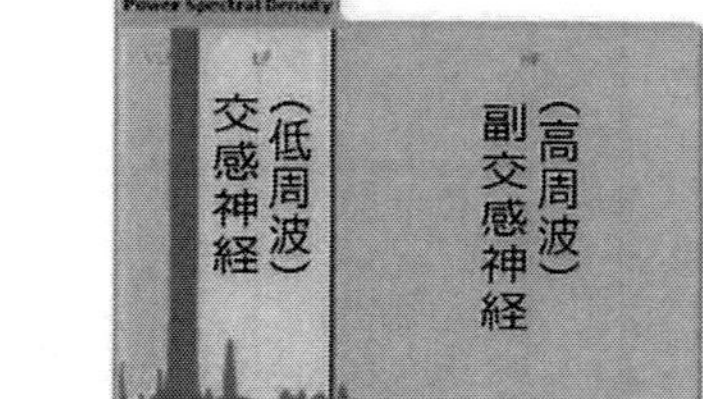

③ ストレスが慢性化するほど赤い点は左下方向へ下がっていきます。

④ 「■」が適正範囲です。
自律神経はバランスだけではなく、活動量も大切です。エネルギーの低下はストレスに対する対処能力の低下を意味します。

※ 詳しくは結果の見方をご参照ください

2.5. 起床時体温低値児

2.5.1. 起床時体温低値児の数

木村ら（1997）は、24 年間にわたって、小学校 4 年生の臨海実習時の起床時体温を計測した。その結果、1970 年代の平均は 36.54 ± 0.29°C であるのに対して、1990 年代は 36.29 ± 0.30°C と低下していた。

35 度台を示す児童の比率

1970 年代・・・(　　　　　) %

1980 年代・・・(　　　　　) %

1990 年代前半・・・(　　　　　)%

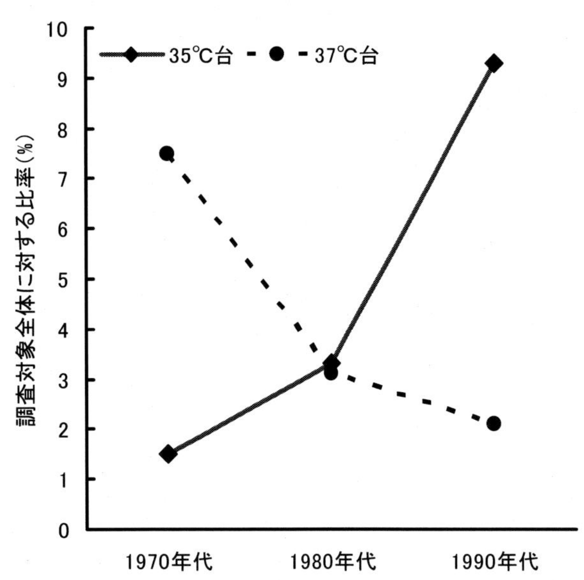

図 3-8 子どもの体温の変遷(小学 4 年生)
(木村慶子ら. 慶應保健研究 15: 81-88, 1997.を改変)

2.5.2. 起床時体温が低値を示す要因

起床時体温が低値を示す背景には、様々な要因が考えられる。現代では公共交通機関の発達や自動車の利用が進んでおり、特に近年では商用施設のみならず公共施設や駅構内でもエスカレータやエレベータが設置されたり、またインターネットを利用した通信販売により在宅で商品購入が可能となったりしている。これらの生活の利便性の向上は、私たちの暮らしを便利にしている一方で、健康を保持するうえで必要な身体活動量を過度に減少させて、熱産生量を低下させている可能性がある。

また、テレビゲームの普及に始まり、近年ではスマートフォンやインターネットの普及は、子どもの遊び方に変化をもたらし、運動・スポーツや遊びの量や質を変化させていると考えられる。

また、24 時間営業など夜間も営業する商業施設や飲食店の利便性は高いが、一方で生活を深夜化させている一面もある。子ども自身が主体的に利用するわけではないものの、親の生活スタイルに当然影響を受けるため、子どもの生活にも変化を与えており、子どもの睡眠時間帯が遅くなり、早寝早起きができなかったり、生活のリズムそのものが確立できなかったりするなどの影響を受けることが考えられる。

2.5.3. 低体温化の成因

・日常の不活動による筋肉などの活性組織の減少による（　　　　　　　　　　　　　）

・睡眠や食生活の乱れによる（　　　　　　　　　　　　　）

2.5.4. 起床時体温低値児が増えてきた原因と考えられること

・(　　　　　　　　　　　　　)

・(　　　　　　　　　　　　　)

・(　　　　　　　　　　　　　)

表1　体温低値群と対照群の身体活動量

	体温低値群（n ＝ 6）	対照群（n ＝ 43）
歩数（歩）	14,339 ± 1,709	16,950 ± 4,212 *
運動量（kcal）	217.8 ± 17.6	281.3 ± 86.2 *
4-9 強度時間（分）	56.9 ± 5.7	66.9 ± 19.9 *
7-9 強度時間（分）	20.0 ± 4.2	24.6 ± 10.9 *

* $p < 0.05$

（柴田真志ら. 体育学研究 49: 295-303, 2004.）

表2　体温低値群と対照群の安静時心臓自律神経活動指標

	体温低値群（n ＝ 6）	対照群（n ＝ 43）
TOTAL（ms²）	1,986 ± 1,101	2,718 ± 2,030
LF（ms²）	1,442 ± 655	1,689 ± 1,313
HF（ms²）	544 ± 450	1,030 ± 975 *
SHS（LF/HF）	2.65 ± 2.01	1.63 ± 1.43 *
PNS（HF/TOTAL）	0.24 ± 0.09	0.37 ± 0.14 *
HR（bpm）	83 ± 7.0	82 ± 5.7

* $p < 0.05$

（柴田真志ら. 体育学研究 49: 295-303, 2004.）

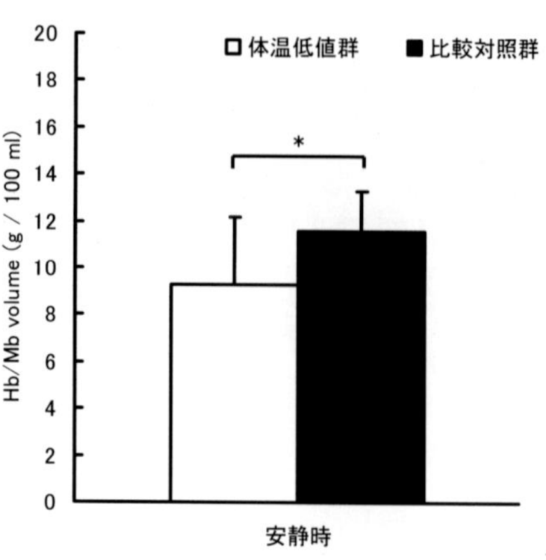

図 3-9　起床時体温低値群の筋へモグロビン及びミオグロビン濃度
（小泉佳右ら. 千葉体育学研究 32: 1-7, 2009.）

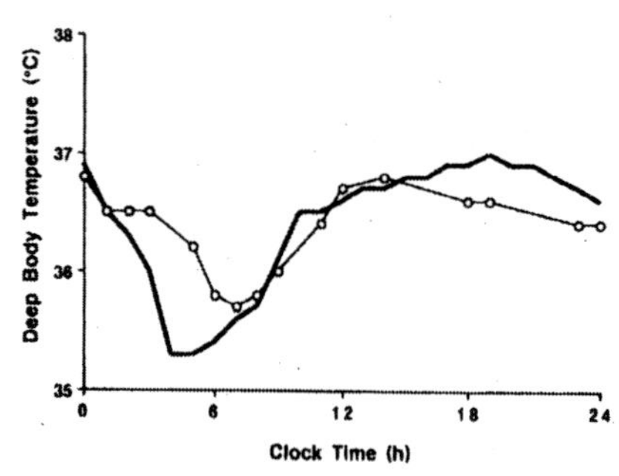

図1.　深部体温日内リズム
正常被験者19歳男性（－－－）と比較して、17歳男児不登校症例（－０－）では深部体温の著明な振幅低下や最低体温出現時刻の遅延が認められ、リズム性に乏しい所見である。

（友田明美ら. 不登校児における深部体温の概日リズム障害. 臨床体温, 14: 85-89, 1994.）

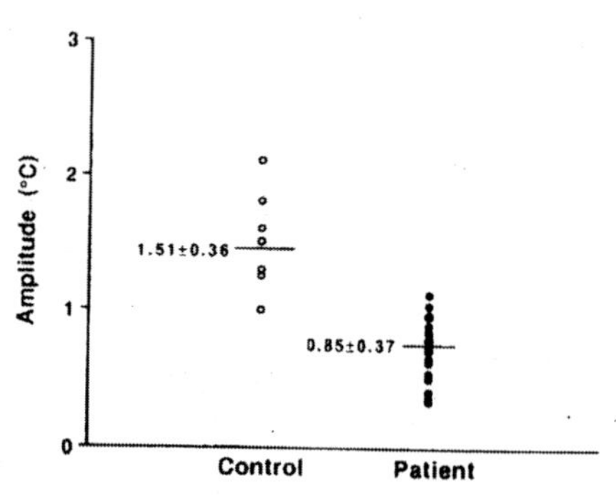

図2.　深部体温日内リズムにおける振幅
健康体における深部体温の最低値と最高値の差は1.5℃前後の開きがあり休養と活動のめりはりを着けられている。しかし不登校状態ではその値が60%程に低下しており慢性の疲労状態をもたらす可能性がある。

（友田明美ら. 不登校児における深部体温の概日リズム障害. 臨床体温, 14: 85-89, 1994.）

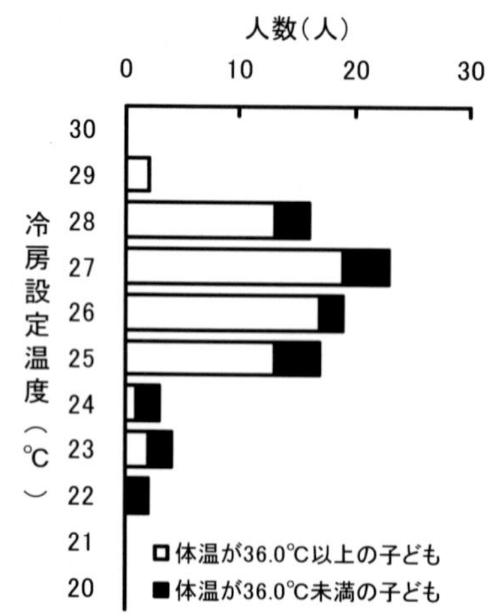

図 3-12　盛夏における冷房の設定温度と年長児の起床時体温
（小泉佳右ら. 平成 20 年度第 1 回千葉県体育学会, 2008.）

2.6. 熱中症

2.6.1. 子どもの体温調節特性

子どもの体温調節は、成人とは異なる特性を有している。成人は発汗機能が発達しているのに対して、思春期前では中高強度運動中の発汗量は少ない。思春期前児童では、活動する汗腺数は成人よりもむしろ多いものの、1つの汗腺から分泌される汗の量が少なく、結果として発汗量は低値となる（子どもは汗っかきではない）。

この代償作用として、皮膚血流量を増やすことによって熱放散を高めようとするが、環境温度（気温や室温）が高いと熱放散しづらくなるため、特に注意が必要である。

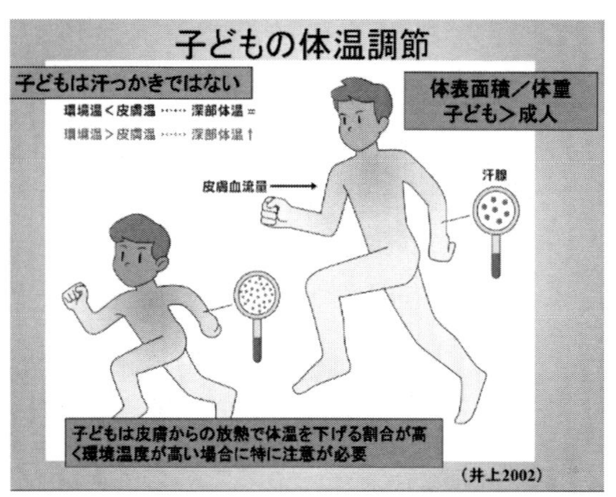

図 3-13 子どもの体温調節の特徴
（環境省 2014 年 熱中症講習会資料編集委員会. www.wbgt.env.go.jp/pdf/kogi02.pdf）

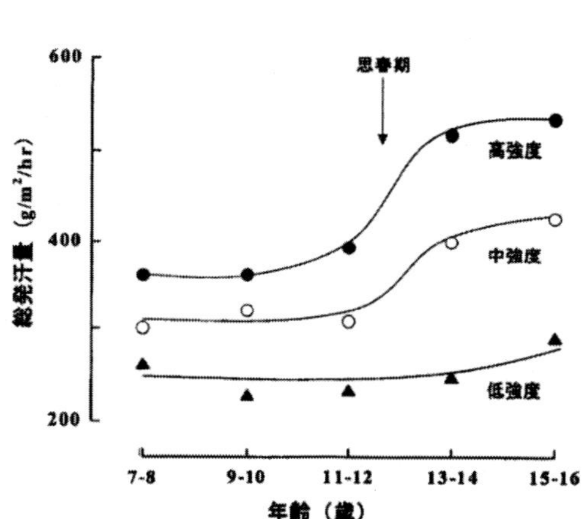

図1 7～16歳男子における29℃環境下（60%RH）の低・中・高強度運動時の総発汗量

運動強度は心拍数で設定され，低強度では110－120拍／分，中強度では130－150拍／分，高強度では160－170拍／分だった．

（井上芳光ら.繊維工学, 56: 494-504, 2003.）

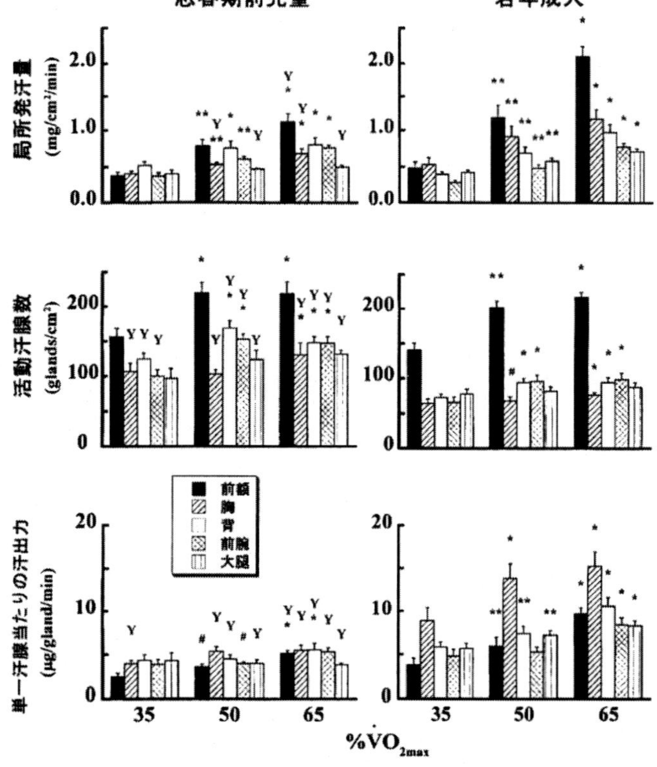

図2 35%・50%・65%VO2max 運動時における思春期前児童（11歳）と若年成人の身体5部位（前額・胸・背・前腕・大腿）の局所発汗量，活動汗腺数および単一汗腺当たりの汗出力

データは運動終了直前5分間の平均値であり，＊は35%VO2max 運動から，＊＊は35%および65%VO2max 運動から，＃は65%VO2max 運動から，Yは若年成人から，それぞれ有意差あり．

（井上芳光ら.繊維工学, 56: 494-504, 2003.）

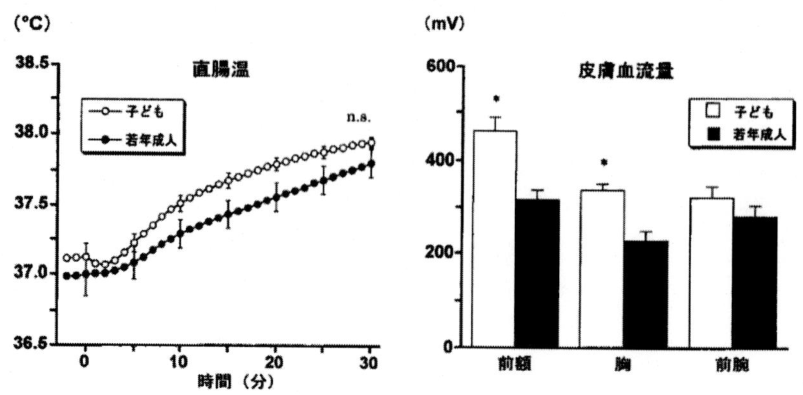

図3　28℃環境下（40%RH）での65%VO_2max 運動時（30分間）の思春期前児童（11歳）と若年成人における直腸温の経時的変化および前額・胸・前腕の皮膚血流量

皮膚血流量のデータは運動終了直前5分間の平均値であり，＊は年齢差を示す．

（井上芳光ら.繊維工学, 56: 494-504, 2003.）

2.6.2.　乳幼児への配慮

乳幼児を車内に放置しての熱中症事故は、毎年のように発生する。車の中の温度は、短時間で急上昇する。左下の図のように、気温が 25°C を超えるような日では、車内温度は 10 分経過するだけで 35°C を超える。また、駐車場は風通しが悪いことが多く、窓を開けても温度は上がる。乳幼児は、短時間でも車内に置き去りにしてはならない。

気温は路面からの照り返しによって上昇する性質を持つ。すなわち、夏は地面に近いほど気温が高い。右下の図は、地面からの高さと温度との関係を示している。路面から 50 cm の高さのほうが、150 cm の高さよりも 2°C 以上高温であることが分かる。

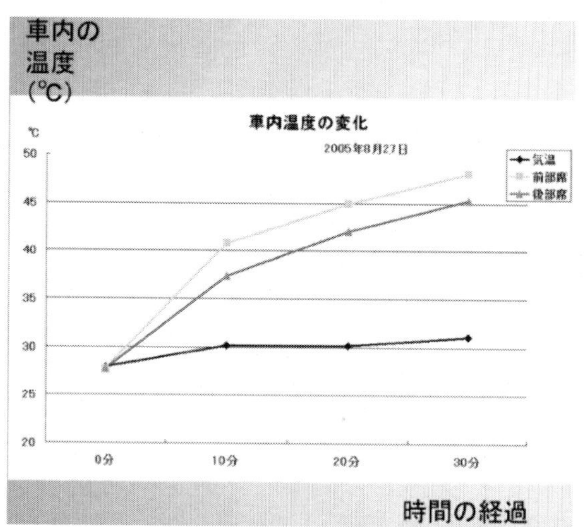

図 3-17　自動車内温度の変化
（環境省　2014 年熱中症講習会資料編集委員会. www.wbgt.env.go.jp/pdf/kogi02.pdf）

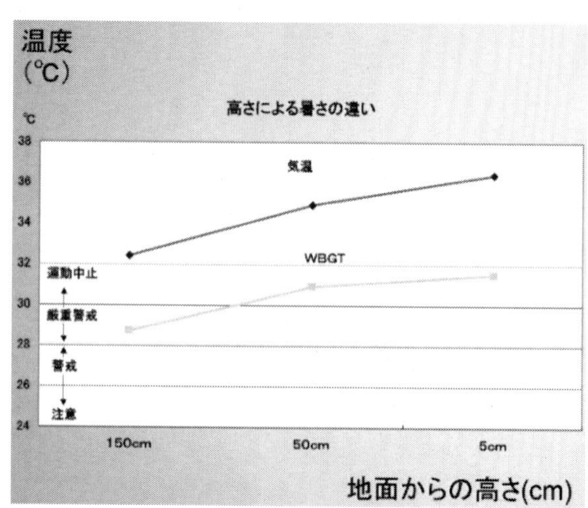

図 3-18　地面からの高さによる暑さの違い
（環境省　2014 年熱中症講習会資料編集委員会. www.wbgt.env.go.jp/pdf/kogi02.pdf）

乳幼児への注意点

① 乳幼児は自分で十分意思表示ができないので、周囲の注意が必要
② 炎天下では、わずかな時間でも乳幼児を車内に置き去りにしてはいけない
③ 子どもは大人より暑い環境にいるので、環境条件に応じて、涼しい服装、衣類の着脱を心掛ける
④ 観察した時、顔が赤く、ひどく汗をかいている場合には、深部体温がかなり上昇していると推察できるので、涼しい環境下で十分な休息をとる。

2.6.3. 熱中症予防のための運動指針

次の図は、日本体育協会が作成した「熱中症予防のための運動指針」であり、成人を対象にした評価指標である。幼児の場合は、前述したように発汗機能が低く体温調節が未発達であることから、それぞれ 1 ランク厳しい条件で適用することが望ましい。

2.6.3.1. 熱中症の種類

・(　　　　　)・・・脱水→血液循環不足→脳血流の不足→めまい・失神
・(　　　　　)・・・脱水による機能不全→脱力感・倦怠感・めまい・吐き気・頭痛
・(　　　　　　　)・・・発汗→水分のみの補給→ミネラルの不足→筋のけいれん
・(　　　　　　)・・・以上 3 つの状態での処置を怠る→脳の中枢機能に異常

2.6.3.2. 熱中症が疑われたら

・身体の（　　　　）
　日陰の確保
　頭部・腋窩・鼠径部の冷却
　頭部の冷却
　衣服の脱衣
　霧吹き
・(　　　　)と(　　　　　)の補給
・(　　　　　　　)の確保
　ベルトやボタンを外す
　仰臥位（あおむけ）にして、少しだけ足を高くする（頭部への循環を優位にするため）

図 3-20 熱中症発症時の対処方法
（越智隆弘．野球人のための障害予防の基本．ベースボール・マガジン社，東京，p. 49, 1998.）

熱中症予防のための運動指針

WBGT ℃	湿球温 ℃	乾球温 ℃		
31〜	27〜	35〜	運動は原則中止	WBGT31℃以上では、皮膚温より気温のほうが高くなる。特別の場合以外は運動は中止する。
28〜31	24〜27	31〜35	厳重警戒（激しい運動は中止）	WBGT28℃以上では、熱中症の危険が高いので激しい運動や持久走など熱負荷の大きい運動は避ける。運動する場合には積極的に休息をとり水分補給を行う。体力の低いもの、暑さに慣れていないものは運動中止。
25〜28	21〜24	28〜31	警　戒（積極的に休息）	WBGT25℃以上では、熱中症の危険が増すので、積極的に休息をとり、水分を補給する。激しい運動では、30分おきくらいに休息をとる。
21〜25	18〜21	24〜28	注　意（積極的に水分補給）	WBGT21℃以上では、熱中症による死亡事故が発生する可能性がある。熱中症の兆候に注意するとともに運動の合間に積極的に水を飲むようにする。
〜21	〜18	〜24	ほぼ安全（適宜水分補給）	WBGT21℃以下では、通常は熱中症の危険は小さいが、適宜水分の補給は必要である。市民マラソンなどではこの条件でも熱中症が発生するので注意。

WBGT（湿球黒球温度）
屋外：WBGT＝0.7×湿球温度＋0.2×黒球温度＋0.1×乾球温度
室内：WBGT＝0.7×湿球温度＋0.3×黒球温度

○環境条件の評価はWBGTが望ましい。
○湿球温度は気温が高いと過小評価される場合もあり、湿球温度を用いる場合には乾球温度も参考にする。
○乾球温度を用いる場合には、湿度に注意。湿度が高ければ、1ランクきびしい環境条件の注意が必要。

図 3-19 熱中症予防のための運動指針
（財団法人日本体育協会．スポーツ活動中の熱中症予防ガイドブック．財団法人日本体育協会，東京，p. 13, 1999.）

2.6.3.3. 熱中症になる前に注意すべきこと

・(　　　　　　　　)の頻度と量
・(　　　　　)の頻度と量
・(　　　　　　　　)の調整

運動強度と水分補給のめやす

運動強度			水分摂取量のめやす	
運動の種類	運動強度（最大強度の%）	持続時間	競技前	競技中
トラック競技 バスケット サッカーなど	75〜100%	1時間以内	250〜500ml	500〜1,000ml
マラソン 野球など	50〜90%	1〜3時間	250〜500ml	500〜 1,000ml／1時間ごと
ウルトラマラソン トライアスロン など	30〜70%	3時間以上	250〜500ml	500〜 1,000ml／1時間ごと 必ず塩分を補給

注　意

1. **温度条件によって変化しますが、発汗により体重減少の70〜80%の補給を目標とします。気温の特に高い時には15〜30分ごとに飲水休憩をとることによって、体温の上昇が幾分抑えられます。**
2. **水温は5〜15℃が望ましい。**
3. **組成はまず口当たりがよく飲みやすいものとします。それには、0.2%程度の食塩と5%程度の糖分を含んだものが適当**

(財団法人日本体育協会. スポーツ活動中の熱中症予防ガイドブック. 財団法人日本体育協会, 東京, p. 17, 1999.)

表4　事故の発生時期

発生時期	例数
4　月	1
5　月	1
6　月	2
7　月	32
8　月	52
9　月	2
合　計	90

(財団法人日本体育協会. スポーツ活動中の熱中症予防ガイドブック. 財団法人日本体育協会, 東京, p. 27, 1999.)

3. 栄養学の基礎と子どもの食習慣

問題

脂肪 1 kg が持つエネルギーは何 kcal か？

ちなみに・・・

- 糖質 1 kg = （　　　　　） kcal
- タンパク質 1 kg = （　　　　　） kcal
- ガソリン 1 kg = （　　　　　） kcal

3.1. 5 大栄養素とその役割

3.1.1. 5 大栄養素

（　　　）・

（　　　）・　　・ エネルギーを生み出すまたは産生を助ける

（　　　　　）・　　・ 筋を構成する

（　　　　　）・　　・ 骨を形成する

（　　　　　）・

3.1.2. 糖質（炭水化物）

3.1.2.1. 主要給源

- 米
- パン
- 麺類
- 芋
- 砂糖

食品中の炭水化物含量

食品名	炭水化物の概量(%)
しょ糖(上白)	99
精白米	77
めし(精白米)	37
小麦粉(薄力)	76
食パン	47
うどん(茹)	22
とうもろこし(生)	17
和菓子(あん)	45〜73
洋菓子(小麦粉系)	22〜60
あずき・いんげん	58〜59
だいず	28
いも類	13〜32
果物類(生)	5〜23

（水野清子ら，子どもの食と栄養改訂第 2 版，診断と治療者，東京. p. 25. 2014.）

3.1.2.2.　特徴

- 構造に伴って名称が異なる。
  - 単糖類・・・（　　　　　　　　　　　　　　）、フルクトースなど
  - 二糖類・・・スクロース（ショ糖）、マルトース（麦芽糖）、ラクトース（乳糖）など
  - 多糖類・・・（動物）（　　　　　　　　　　）、（植物）でんぷんなど
- （　　　　　　　　　　　　　　　　　　　　　　）として使用される。
- 体内に取り込まれた糖質は、（　　　　　　　　　）の形で、（　　　　　　）される。
- 必要以上の糖質は、(　　　　)に変化して脂肪細胞に貯蓄される。

●食品中のたんぱく質含有量

食品名	たんぱく質の概量(%)
獣鳥肉類およびその製品	
獣鳥肉類	17〜24
ハム	12〜19
ソーセージ類	12〜25
魚介類およびその製品	
魚介類	15〜20
貝類	7〜20
焼き竹輪・むしかまぼこ	12
卵類	12
乳および乳製品	
牛乳・ヨーグルト	3〜4
チーズ	8〜29
アイスクリーム	2〜4
豆および豆製品	
だいず(乾)	35
あずき, いんげん, えんどう(乾)	20〜22
豆腐	5〜7
納豆	17
生揚げ	11
その他の食品	
めし(精白米)	2.5
パン	8〜10
うどん(茹)	2.5
いも類	1〜4

（水野清子ら, 子どもの食と栄養改訂第2版, 診断と治療者, 東京. p. 51. 2014.）

3.1.3.　タンパク質

3.1.3.1.　主要給源

- 肉
- 魚
- 卵
- 豆・豆製品

3.1.3.2.　特徴

- 最小単位は（　　　　　　　）
- アミノ酸2〜100個程度の少数の結合物質は（　　　　　　　）と呼ばれる。
- ヒトの体内で合成できないアミノ酸は摂取する必要がある（必須アミノ酸；「トロリバス不明？必要？」）
- 筋、骨、血液などの、（　　　　　　　　　　　　）する成分となる。
- エネルギー基質として通常は利用されないが、（　　　　　）時などの場合には利用される。

必須アミノ酸

バリン	BCAAと呼ばれる3種のアミノ酸。筋肉のたんぱく質に多く、運動時のエネルギー源としても利用される。 ＊BCAA（Branched Chain Amino Acid）：枝分かれ構造を持つアミノ酸
ロイシン	
イソロイシン	
トレオニン	さまざまな酵素の材料として用いられる。スレオニンとも表記される。
メチオニン	硫黄を含むアミノ酸。体構成成分として利用される。
フェニルアラニン	フェニル基を持つ芳香族アミノ酸。さまざまな物質に代謝される。
トリプトファン	フェニル基を持つ芳香族アミノ酸。さまざまな物質に代謝される。
リジン	小麦や精白米に少なく、制限アミノ酸となる。
ヒスチジン	ヒスタミンの材料となる。

非必須アミノ酸

グリシン	体内に広く分布する。コラーゲンの材料としても重要。
アラニン	エネルギー源としても利用される。糖の材料ともなる。
セリン	リン脂質の材料となる。
アスパラギン	アスパラガスから精製されたアミノ酸。持久力を高めるといわれるが、根拠となるデータは見当たらない。
グルタミン	体内に広く分布する。消化管の働きに重要。
システイン	メラニン色素の産生をおさえる。毛髪や体毛に多く含まれているアミノ酸。
プロリン	コラーゲンの材料。皮膚に潤いをもたらす天然保湿成分（NMF）としても重要。
チロシン	フェニル基を持つ芳香族アミノ酸。
アスパラギン酸	エネルギー源となる。
グルタミン酸	エネルギー源となる。だしの成分。
アルギニン	血管の機能を正常に保つ。免疫にも重要。成長期の子どもでは必須アミノ酸。

（上西一弘, 栄養素の通になる第 4 版, 女子栄養大学出版部, 東京. p. 29. 2016.）

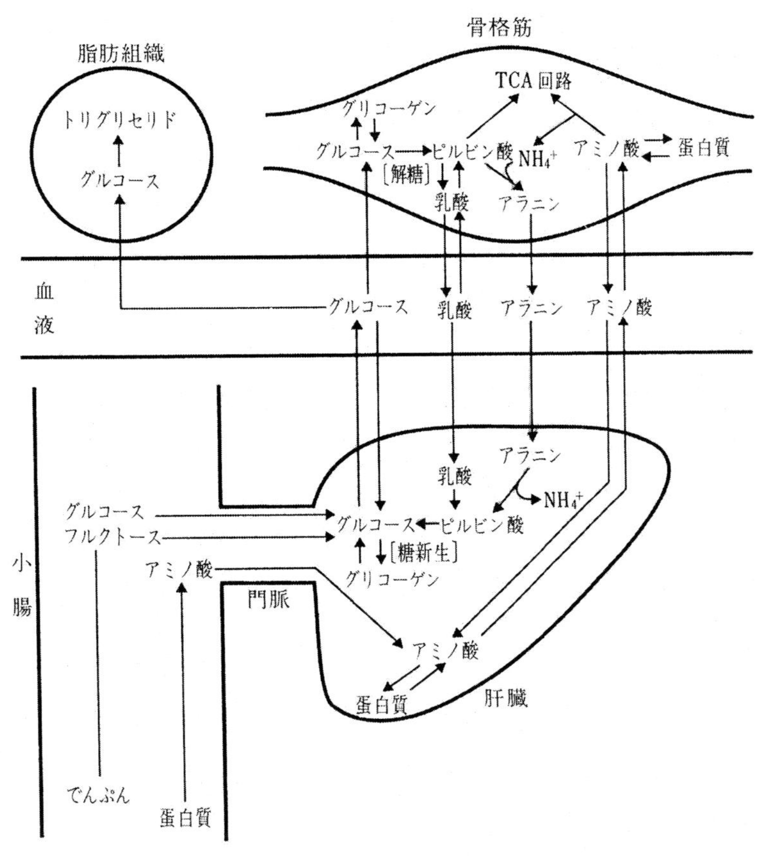

図 5.1 糖質代謝と蛋白質代謝の概要(大森)
(勝田茂, 運動生理学 20 講, 朝倉書店, 東京. p. 31. 1993.)

3.1.4. 脂質

3.1.4.1. 主要給源

- 食用油
- 揚げ物
- 種実類
- ファストフード
- スナック菓子
- ケーキ

(水野清子ら, 子どもの食と栄養改訂第 2 版, 診断と治療者, 東京. p. 28. 2014.)

●食品中の脂質含量

食品名	脂質の概量(%)
植物油	100
ラード, ヘット	100
バター, マーガリン	81~82
ベーコン	39
種実類*	0.8~76
落花生(煎)	49
獣肉類	5~40
だいず	19
卵類 (卵黄)	10~13 34
魚(赤身)	3~25

*:ぎんなん, くりなどを除く

3.1.4.2. 特徴

- 構成は、(　　　　　　　　　　　　　　)と(　　　　　)
- グリセロールは、再度トリグリセリドの合成に使われるか、解糖系または糖新生に利用される。
- 脂肪酸は、先頭がカルボキシル基(COOH)、末尾にメチル基(CH3)、中間が炭素鎖
- 脂肪酸は(　　　　)脂肪酸と(　　　　　)脂肪酸に分類される。
- 飽和脂肪酸の役割は、(　　　　　　　　　　　　　　　　　　)、(　　　　　　　　　　)の原料、(　　　　　　　　　　　　)、などである。
- 余剰となった脂質は、(　　　　　　　　　)に貯蓄される。

- いくつかの不飽和脂肪酸の役割はわかっており、（　　　　　　　　　　　　　）、などである。
- 飽和脂肪酸は常温で固体、一価不飽和脂肪酸は常温で（　　　　）である。
- 一価不飽和脂肪酸は（　　　　　　　　　　　　　　　　　　　）ため、動脈硬化の予防に効果があると考えられている。
- n-6 系脂肪酸は（　　　　　　　　　　　　　　　　　）させる。
- n-3 系脂肪酸は（　　　　　　　　　　　　　　　　　　　　　）させ、（　　　　　　　　　　　　　　　）を増加させる。

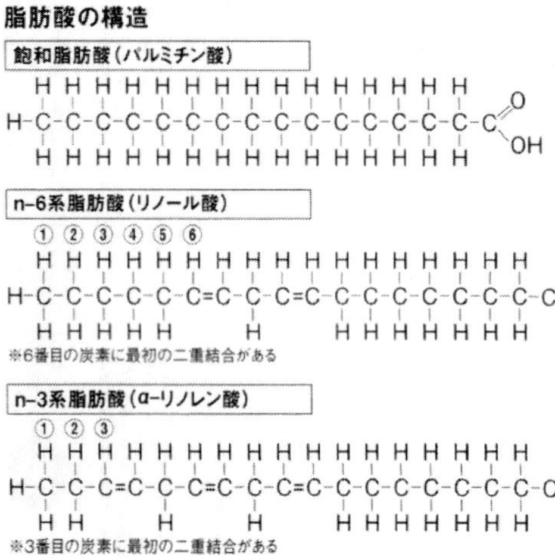

脂肪酸の構造

飽和脂肪酸（パルミチン酸）

n-6系脂肪酸（リノール酸）

※6番目の炭素に最初の二重結合がある

n-3系脂肪酸（α-リノレン酸）

※3番目の炭素に最初の二重結合がある

（上西一弘, 栄養素の通になる第 4 版, 女子栄養大学出版部, 東京. p. 32. 2016.）

表1 脂肪酸の種類

分類		分子中の炭素数（二重結合数）	脂肪酸の種類	分布
短鎖脂肪酸	飽和脂肪酸	4	酪酸	バター
		6	カプロン酸	バター，やし油
中鎖脂肪酸	飽和脂肪酸	8	カプリル酸	バター，やし油
		10	カプリン酸	バター，やし油
長鎖脂肪酸	飽和脂肪酸	12	ラウリン酸	やし油，鯨油
		14	ミリスチン酸	やし油，落花生油
		16	パルミチン酸	豚脂，牛脂
		18	ステアリン酸	豚脂，牛脂
	一価不飽和脂肪酸	18(1)	オレイン酸	植物油，魚油
		22(1)	ドコセン酸	なたね油
	多価不飽和脂肪酸	18(2)	リノール酸	ごま油，大豆油
		18(3)	γ－リノレン酸	なたね油など
		20(4)	アラキドン酸	肝油，卵黄
		18(3)	α－リノレン酸	植物油
		20(5)	エイコサペンタエン酸	魚油
		22(6)	ドコサヘキサエン酸	魚油

（水野清子ら, 子どもの食と栄養改訂第 2 版, 診断と治療者, 東京. p. 30. 2014.）

※モノグリセリド・・・グリセロール 1 分子に脂肪酸が 1 分子のみ結合しているもの

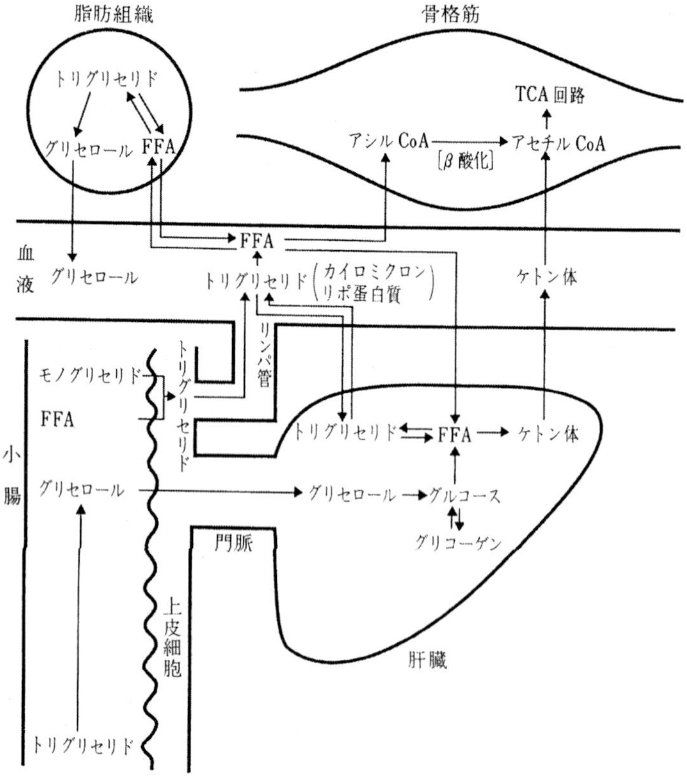

（勝田茂, 運動生理学 20 講, 朝倉書店, 東京. p. 32. 1993.）

図 5.2　脂質代謝の概要（大森）

3.1.5. ビタミン

3.1.5.1. （　　　　　　　　　　）・・・水に溶けやすい性質をもつ。体内に蓄積されないので、（　　　　　　　　　　　　　　　）がある。

3.1.5.2. （　　　　　　　　　　）・・・水に溶けにくく油に溶けやすい。肝臓などに蓄積することができるため、（　　　　　　　　　　　　　　　）。脂溶性ビタミンは、4 種類だけ（　　・　　・　　・　　）。

表 3-1　水溶性ビタミンの性質

	主な食品	作用	欠乏症	過剰症
ビタミン B1	豚肉、豆類、種実類、未精製の穀類	糖質代謝の補酵素、脳・神経機能の維持	脚気、ウェルニッケ脳症	（認められていない）
ビタミン B2	レバー、魚類、牛乳・乳製品	糖質・脂質・たんぱく質代謝のサポート、たんぱく質合成、過酸化脂質の消去	口角炎、口唇炎、舌炎	（認められていない）
ナイアシン	魚類や肉類（レバー）	糖質・脂質代謝のサポート、アルコール分解のサポート	ペラグラ	（通常はみられない）
ビタミン B6	魚類、肉類、野菜類	たんぱく質合成の補酵素、神経伝達物質合成を促進	神経障害、皮膚炎	（通常はみられない）
ビタミン B12	魚介類、肉類	赤血球生成の補助、神経細胞の機能維持	悪性貧血	（認められていない）
葉酸	レバー、葉野菜	細胞新生の補助（DNA 合成の補酵素）、赤血球生成の補助	悪性貧血、胎児の神経管閉鎖障害	（認められていない）
パントテン酸（ビタミン B5）	動物性食品にも植物性食品にも幅広く含まれる	エネルギー産生に広く関与	（通常はみられない）	（認められていない）
ビオチン	種実類、豆類、レバー	糖質・脂質・たんぱく質代謝の補酵素、アルコール分解のサポート	皮膚炎	（認められていない）
ビタミン C	野菜類、ジャガイモ、くだもの	コラーゲン合成のサポート、酸化防止、副腎皮質・髄質ホルモン生成のサポート、鉄の吸収をサポート、チロシナーゼの働きを阻害	壊血病	（通常はみられない）

表 3-2　脂溶性ビタミンの性質

	主な食品	作用	欠乏症	過剰症
ビタミン A	魚介類、レバー、（β-カロテンは緑黄色野菜に多く含まれる）	目の健康の維持、皮膚・粘膜の健康の維持	夜盲症	頭痛、筋肉痛、胎児の奇形（妊娠中）
ビタミン D	魚類、きのこ（きくらげ）	カルシウムの吸収、カルシウムの骨への沈着、血液や筋でのカルシウム濃度を調整	クル病、骨軟化症、骨粗鬆症	全身倦怠感、食欲不振
ビタミン E	植物油、種実類	酸化防止、毛細血管拡張、生殖機能の維持	溶血性貧血	（通常はみられない）
ビタミン K	葉野菜、納豆	血液の凝固への関与、カルシウムの骨の取り込み	新生児の出血症	（通常はみられない）

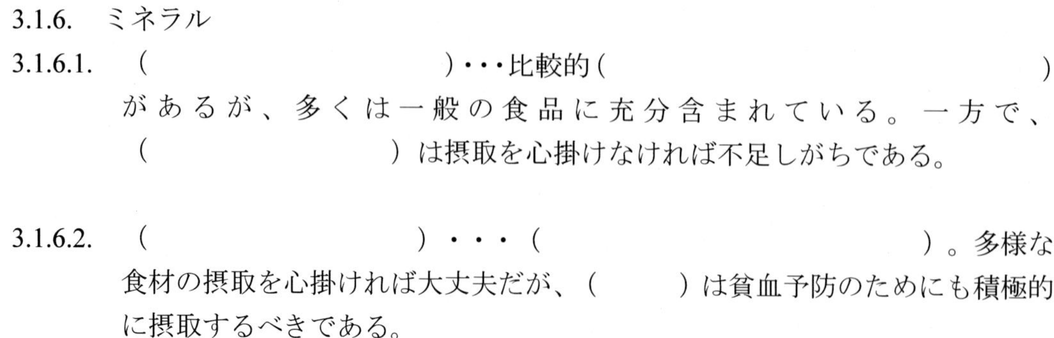

3.1.6. ミネラル

3.1.6.1.　(　　　　　　　　　)・・・比較的(　　　　　　　　　　　　　)があるが、多くは一般の食品に充分含まれている。一方で、(　　　　　　　　)は摂取を心掛けなければ不足しがちである。

3.1.6.2.　(　　　　　　　　)・・・(　　　　　　　　　　　　　)。多様な食材の摂取を心掛ければ大丈夫だが、(　　　)は貧血予防のためにも積極的に摂取するべきである。

表 3-3　マクロミネラルの性質

	主な食品	作用	欠乏症	過剰症
Na（ナトリウム）	調味料、加工食品	細胞機能の維持、筋肉の収縮と弛緩、神経の伝達	（通常はみられない）	浮腫、高血圧
K（カリウム）	野菜類、芋類、くだもの	細胞機能の維持、筋肉の収縮と弛緩、神経の伝達	（通常はみられない）	（通常はみられない）
Ca（カルシウム）	牛乳・乳製品、小魚や大豆製品、一部の緑黄色野菜	骨や歯の形成、多くの生理機能の調節	骨粗鬆症	（通常はみられない）
Mg（マグネシウム）	種実類、葉野菜、未精製の穀類	骨の形成のサポート、筋収縮の調整	（通常はみられない）	（通常はみられない）
P（リン）	幅広い食品に含む、食品添加物	骨や歯を作る、エネルギー代謝に働く	（通常はみられない）	副甲状腺の機能異常

表 3-4　微量ミネラルの性質

	主な食品	作用	欠乏症	過剰症
Fe（鉄）	肉類、魚介類、緑黄色野菜、ひじき	血中での酸素運搬、酸素の筋への取り込み、肝臓・秘蔵・骨髄への蓄積	鉄欠乏性貧血	（通常はみられない）
Zn（亜鉛）	動物性食品	細胞の合成、たんぱく質の合成、ホルモンの合成と分泌に関与	味覚障害	（通常はみられない）
Cu（銅）	甲殻類、レバー	鉄のヘモグロビン合成に関与	（通常はみられない）	（通常はみられない）
Mn（マンガン）	穀類、野菜類、豆類	骨代謝、糖質・脂質代謝	（通常はみられない）	（通常はみられない）
I（ヨウ素）	特にこんぶ、海藻や魚介類	甲状腺ホルモンの構成成分	（通常はみられない）	甲状腺肥大
Se（セレン）	魚介類、アメリカ産小麦由来のパスタ等	酸化防止	（通常はみられない）	脱毛、爪の脆弱化
Cr（クロム）	海藻や香辛料などの乾燥品	インスリンの働きのサポート	（通常はみられない）	（通常はみられない）
Mo（モリブデン）	豆類、穀類	酸化酵素の補酵素（尿酸の生成に不可欠）	（通常はみられない）	（通常はみられない）

3.2.　食事の際に気を付けること

ミネラルのうち、（　　　　　　　　　　　）と（　　　　）は、日本人の通常の食生活では不足しがちである。

表 19　カルシウムの食事摂取基準

（mg/日）

性別	男性				女性			
年齢等	推定平均必要量	推奨量	目安量	耐容上限量	推定平均必要量	推奨量	目安量	耐容上限量
0～5（月）	−	−	200	−	−	−	200	−
6～11（月）	−	−	250	−	−	−	250	−
1～2（歳）	350	450	−	−	350	400	−	−
3～5（歳）	500	600	−	−	450	550	−	−
6～7（歳）	500	600	−	−	450	550	−	−
8～9（歳）	550	650	−	−	600	750	−	−
10～11（歳）	600	700	−	−	600	750	−	−
12～14（歳）	850	1,000	−	−	700	800	−	−
15～17（歳）	650	800	−	−	550	650	−	−
18～29（歳）	650	800	−	2,500	550	650	−	2,500
30～49（歳）	550	650	−	2,500	550	650	−	2,500
50～69（歳）	600	700	−	2,500	550	650	−	2,500
70 以上（歳）	600	700	−	2,500	550	650	−	2,500
妊婦（付加量）					−	−	−	−
授乳婦（付加量）					−	−	−	−

（水野清子ら，子どもの食と栄養改訂第 2 版，診断と治療者，東京. p. 55. 2014.）

表 20　鉄の食事摂取基準

（mg/日）*1

性別	男性				女性					
年齢等					月経なし		月経あり			
	推定平均必要量	推奨量	目安量	耐容上限量	推定平均必要量	推奨量	推定平均必要量	推奨量	目安量	耐容上限量
0～5（月）	−	−	0.5	−	−	−	−	−	0.5	−
6～11（月）	3.5	5.0	−	−	3.5	4.5	−	−	−	−
1～2（歳）	3.0	4.5	−	25	3.0	4.5	−	−	−	20
3～5（歳）	4.0	5.5	−	25	3.5	5.5	−	−	−	25
6～7（歳）	4.5	6.5	−	30	4.5	6.5	−	−	−	30
8～9（歳）	6.0	8.0	−	35	6.0	8.5	−	−	−	35
10～11（歳）	7.0	10.0	−	35	7.0	10.0	10.0	14.0	−	35
12～14（歳）	8.5	11.5	−	50	7.0	10.0	10.0	14.0	−	50
15～17（歳）	8.0	9.5	−	50	5.5	7.0	8.5	10.5	−	40
18～29（歳）	6.0	7.0	−	50	5.0	6.0	8.5	10.5	−	40
30～49（歳）	6.5	7.5	−	55	5.5	6.5	9.0	10.5	−	40
50～69（歳）	6.0	7.5	−	50	5.5	6.5	9.0	10.5	−	40
70 以上（歳）	6.0	7.0	−	50	5.0	6.0	−	−	−	40
妊婦（付加量）初期					+2.0	+2.5	−	−	−	−
中期・末期					+12.5	+15.0	−	−	−	−
授乳婦（付加量）					+2.0	+2.5	−	−	−	−

*1：過多月経（月経出血量が 80 mL/回以上）の人を除外して策定した.

（水野清子ら，子どもの食と栄養改訂第 2 版，診断と治療者，東京. p. 55. 2014.）

表1 年齢別栄養素等摂取量（男女別）

年齢	1〜6歳		7〜14歳		15〜19歳		20〜29歳	
性別	男	女	男	女	男	女	男	女
調査人数（総数）	846	799	1,271	1,285	702	599	1,078	1,177
エネルギー（kcal）	1,295	1,215	2,111	1,844	2,504	1,828	2,180	1,669
たんぱく質（g）	44.6	42.2	76.2	66.5	86.1	66.5	74.6	60.7
うち動物性（g）	25.0	23.9	44.4	38.0	49.6	38.7	40.9	33.3
脂質（g）	40.7	37.8	68.7	61.2	81.2	62.3	67.9	55.2
うち動物性（g）	21.7	20.8	38.2	33.2	43.4	33.5	35.0	27.7
コレステロール（mg）	212	198	341	298	434	351	344	294
炭水化物（g）	184.0	173.2	288.8	250.4	344.3	242.8	300.0	223.1
食物繊維（g）	8.7	8.5	13.7	12.9	14.1	12.3	13.0	11.8
うち水溶性（g）	2.1	2.1	3.4	3.2	3.3	2.9	3.1	2.9
うち不溶性（g）	6.2	6.1	9.9	9.3	10.4	9.0	9.5	8.6
ビタミンA（μgRE）	404	403	585	532	597	491	534	476
ビタミンD（μg）	4.2	4.2	6.6	5.6	6.8	6.0	6.1	5.4
ビタミンE（mg）	4.3	4.2	6.6	6.2	7.8	6.3	6.7	5.9
ビタミンK（μg）	125	125	200	183	215	201	207	195
ビタミンB_1（mg）	0.57	0.55	0.97	0.85	1.15	0.87	1.00	0.79
ビタミンB_2（mg）	0.84	0.79	1.39	1.21	1.37	1.10	1.23	1.06
ナイアシン（mgNE）	7.5	7.4	13.1	11.4	15.7	12.3	15.4	12.3
ビタミンB_6（mg）	0.70	0.67	1.13	1.04	1.29	1.03	1.23	1.06
ビタミンB_{12}（μg）	3.3	2.9	5.5	4.7	5.9	4.7	5.6	4.4
葉酸（μg）	159	155	248	229	273	239	252	235
パントテン酸（mg）	4.03	3.85	6.56	5.70	6.70	5.23	5.64	4.70
ビタミンC（mg）	55	56	75	74	86	78	75	78
食塩（ナトリウム×2.54/1,000）（g）	5.7	5.3	9.3	8.6	11.0	9.0	11.0	8.8
カリウム（mg）	1,497	1,450	2,335	2,106	2,328	1,951	2,069	1,850
カルシウム（mg）	439	404	704	620	550	456	448	415
マグネシウム（mg）	148	141	239	215	250	203	229	198
リン（mg）	695	658	1,156	1,012	1,173	927	998	838
鉄（mg）	4.4	4.1	7.0	6.3	8.2	6.7	7.3	6.5
亜鉛（mg）	5.4	5.1	9.3	8.1	10.8	8.1	9.2	7.1
銅（mg）	0.70	0.66	1.15	1.01	1.33	1.01	1.19	0.95
脂肪エネルギー比率（%）	27.7	27.4	29.0	29.7	28.9	30.4	27.7	29.5
炭水化物エネルギー比率（%）	58.6	58.7	56.5	55.8	57.2	55.0	58.4	55.9
動物性たんぱく質比率（%）	53.9	54.5	57.3	56.6	56.1	56.6	52.8	52.8

強化食品および補助食品からの摂取については把握しなかった．RE：レチノール当量，α-トコフェロール量（α-トコフェロール以外のビタミンEは含んでいない），NE：ナイアシン当量，30歳以上は略．

（厚生労働省：平成24年国民健康・栄養調査．2013より作成）

（水野清子ら，子どもの食と栄養改訂第2版，診断と治療者，東京．p. 8. 2014.）

問題

A. 各年齢のカルシウム及び鉄の不足量を算出しよう。

B. 不足分を補うためどの食材をどれだけ食べると充足するか？下の表 4 を利用して一例を作ろう。

5 歳の場合

栄養素	カルシウム (mg / 日)		鉄 (mg / 日)	
性別	男子	女子	男子	女子
（摂取）推奨量	600	550	5.5	5.5
（実際の）摂取量	439	404	4.4	4.1
不足量				
不足分を充足する食材と分量				

20 歳の場合

栄養素	カルシウム (mg / 日)		鉄 (mg / 日)		
性別	男子	女子	男子	女子（月経なし）	女子（月経あり）
（摂取）推奨量	800	650	7.0	6.0	10.5
（実際の）摂取量	448	415	7.3	6.5	
不足量					
不足分を充足する食材と分量			＼	＼	

表 4 カルシウムおよび鉄を多く含む食品（1 回の食事量）

カルシウム				鉄			
	分量 (g)	目安量	カルシウム量(mg)		分量 (g)	目安量	鉄量 (mg)
牛乳	200	1 カップ	220	レバー（豚）	30	1/2 切	3.9
全脂無糖ヨーグルト	100	1/5 箱	120	（鶏）	30	1/2 羽	2.7
まいわし丸干し	40	2 尾	176	鶏卵	50	1 個	0.9
しらす干し（微乾燥品）	15	大さじ 3	32	豚肉（赤肉）	70	1 切れ	0.6
だいず（乾）	30	大さじ 3	72	牛肉（赤肉）	70	1 切れ	1.9
豆腐（木綿）	100	1/3 丁	120	あさり（貝）	50	10〜15 個	1.9
小松菜	60	2 株	102	ほうれんそう	60	2 株	1.2
春菊	60	3 株	72	小松菜	60	2 株	1.7
ひじき（干）	7	小鉢 1	98	ひじき（干）	7	小鉢 1	3.9

（水野清子ら，子どもの食と栄養改訂第 2 版，診断と治療者，東京. p. 36. 2014.）

3.3.　エネルギー摂取量の基準値

3.3.1.　エネルギー所要量

表 3-5　生活活動強度別エネルギー所要量

		エネルギー所要量				体位基準値			
		生活活動強度				身長		体重	
		II（やや低い）		III（適度）					
単位		kcal / 日				cm		kg	
性別		男	女	男	女	男	女	男	女
年齢（歳）	0~5（ヶ月）	110〜120 kcal / kg				61.7		6.4	
	6〜11（ヶ月）	100 kcal / kg				70.7		8.5	
	1〜2	1,050	1,050	(　　)	(　　)	83.6		11.5	
	3〜5	1,350	1,300	(　　)	(　　)	102.3		16.4	
	6〜8	1,650	1,500	1,900	1,700	121.9	120.8	24.6	23.9
	9〜11	1,950	1,750	2,250	2,050	139.0	138.4	34.6	33.8
	12〜14	2,200	2,000	2,550	2,300	158.3	153.4	47.9	45.3
	15〜17	2,400	1,950	2,750	2,200	169.3	157.8	59.8	51.4
	18〜29	2,300	1,800	(　　)	(　　)	171.3	158.1	64.7	51.2
	30〜49	2,250	1,750	2,550	2,000	169.1	156.0	67.0	54.2
	50〜69	2,000	1,650	2,300	1,900	163.9	151.4	62.5	53.8
	70〜	1,850	1,500	2,050	1,700	159.4	145.6	56.7	48.7

注）生活活動強度 II（やや低い）は、現在国民の大部分が該当するものである。生活活動強度 III（適度）は、国民が健康人として望ましいエネルギー消費をして、活発な生活行動をしている場合であり、国民の望ましい目標とするものである。

（厚生労働省. 1999.）

3.3.2.　各栄養素の摂取基準

表 12　エネルギー産生栄養素バランス　　（% エネルギー）

年齢	目標値*1（中央値*2）（男女共通）			
	たんぱく質	脂質*3		炭水化物*4,5
		脂質	飽和脂肪酸	
0〜11（月）	—	—	—	—
1〜17（歳）	13〜20（16.5）	20〜30（25）	—	50〜65（57.5）
18〜69（歳）	13〜20（16.5）	20〜30（25）	7 以下	50〜65（57.5）
70 以上（歳）	13〜20（16.5）	20〜30（25）	7 以下	50〜65（57.5）

＊1：各栄養素の範囲については，おおむねの値を示したものであり，生活習慣病の予防や高齢者の虚弱の予防の観点からは，弾力的に運用すること．
＊2：中央値は，範囲の中央値を示したものであり，もっとも望ましい値を示すものではない．
＊3：脂質については，その構成成分である飽和脂肪酸など，質への配慮を十分に行う必要がある．
＊4：アルコールを含む．ただし，アルコールの摂取を勧めるものではない．
＊5：食物繊維の目標量を十分に注意すること．

（水野清子ら，子どもの食と栄養改訂第 2 版，診断と治療者，東京. p. 51. 2014.）

表3 保育所における食事時間と栄養量の考え方

区　分	家庭	保育所			家庭
	朝	10時	昼	15時	夕
1〜2歳児	20%	5〜10%	30%	10〜15%	30%
3〜5歳	20〜25%		35%	15%	25〜30%

（水野清子ら，子どもの食と栄養改訂第2版，診断と治療者，東京. p. 199. 2014.）

表2 1〜2歳，3〜5歳の食事摂取基準および給与栄養量（目標）

	年齢（歳）	エネルギー（kcal）	たんぱく質（g）	総脂質（%エネルギー）	ビタミン A（μgRE）	ビタミン B_1（mg）	ビタミン B_2（mg）	ビタミン C（mg）	カルシウム（mg）	鉄（mg）	食塩相当量（g）	食物繊維（g）
食事摂取基準[*1]	1〜2	925	20	20〜30[*2]	375	0.5	0.6	35	425	4.5	3.5未満	—
	3〜5	1,275	25	20〜30[*3]	450	0.7	0.8	40	575	5.3	4.5未満	—
給与栄養量（目標）	1〜2	463	18	11〜16[*4]	190	0.25	0.30	18	213	2.3	1.7未満	—
	3〜5[*6]	450	20	14〜22[*5]	225	0.35	0.40	20	290	2.7	2.2未満	—

＊1：それぞれ男女同数の場合
＊2：%エネルギー→g換算21〜31，＊3：%エネルギー→g換算28〜43
＊4，5：g換算値
＊6：3〜5歳は家庭から主食（米飯110g）を持参する．

（水野清子ら，子どもの食と栄養改訂第2版，診断と治療者，東京. p. 199. 2014.）

3.4.　幼児の1日の献立作成

3.4.1.　サービングとは？

サービング（つ、serving: SV）・・・農林水産省「食事バランスガイド」にて定義されている、（　　　　　　　　）で摂取量を示す単位

表3.2 栄養素などの表示
SV：サービング

	内容	表示単位
日本食品標準成分表（文部科学省）	可食部100gあたりの栄養成分値	kcal，gなど
日本人の食事摂取基準（厚生労働省）	・健康の維持・増進，摂取不足を回避するための「推定平均必要量」，「推奨量」，「目安量」 ・「耐容上限摂取量」 ・「目標量」	kcal，%，gなど
食事バランスガイド（厚生労働省，農林水産省）	1日に何をどれだけ食べたらよいかの目安	つ(SV)：料理単位

（加藤秀夫ら，スポーツ・運動栄養学第2版，講談社サイエンティフィック，東京. p. 29. 2012.）

サービングの料理グループと1 SVの基準

主食：主材料の穀物に由来する炭水化物　約40 g

副菜：主材料の野菜、きのこ、いも、豆類（大豆を除く）、海藻類の重量　約70 g
（注：乾物は戻した重量で計算）

主菜：主材料の魚、肉、卵、大豆・大豆製品に由来するたんぱく質　約6 g

牛乳・乳製品：主材料の牛乳・乳製品に由来するカルシウム　約100 mg

果物：主材料の果物の重量　約100 g

図 3.2 食事バランスガイドによる料理の例

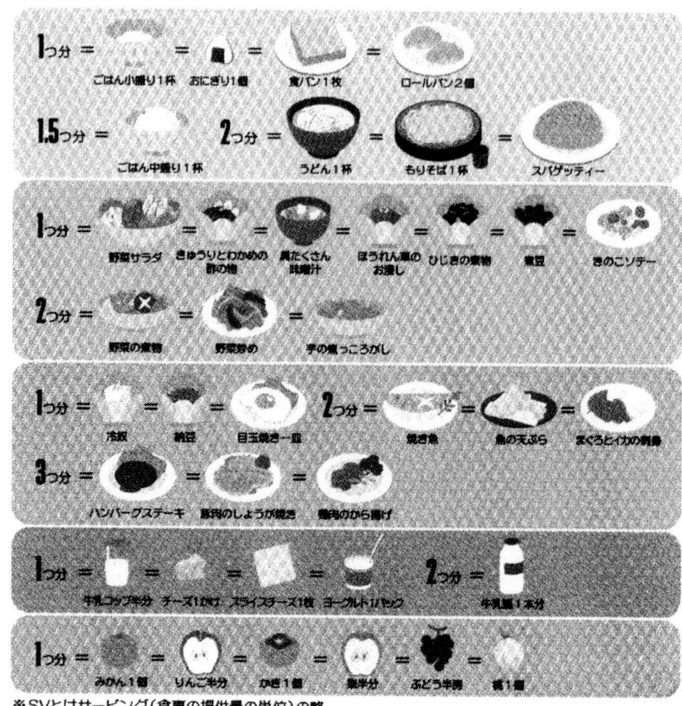

（加藤秀夫ら，スポーツ・運動栄養学第2版，講談社サイエンティフィック，東京. p. 29. 2012.）

3.4.2.　幼児のエネルギー所要量

～子どもと一緒に食を育もう～

東京都幼児向け食事バランスガイド

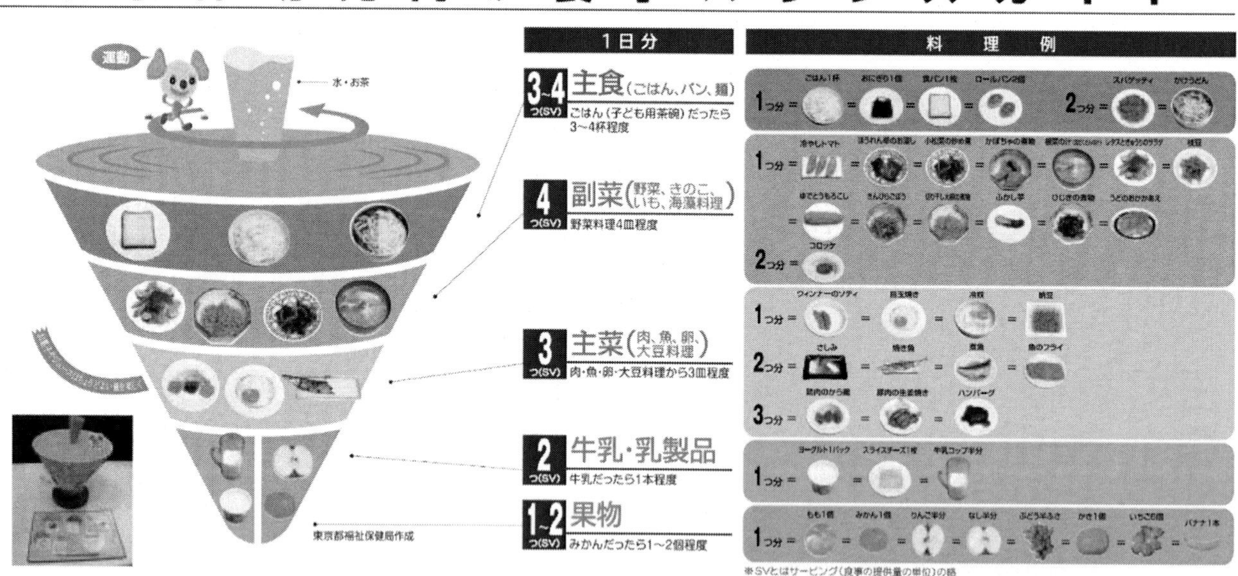

「東京都幼児向け食事バランスガイド」は、幼児の食事の望ましい組合わせとおおよその量を写真で示したものです。

日本で古くから親しまれている「コマ」をイメージして描き、食事のバランスが悪くなると倒れてしまうということ、回転（運動）することによって初めて安定するということを表しています。

※東京都幼児向け食事バランスガイドは、3~5歳の幼児を対象にしています。

コマの中では、3~5歳児の1日分の料理・食品の例を示しています。主食、副菜、主菜、牛乳・乳製品、果物の5つに区分し、区分ごとに「つ(SV)」という単位を用いています。また、1日の食事にかかせない水・お茶をコマの軸で、運動を東京都健康推進プラン21のマスコット「プランちゃん」でお菓子・ジュースをコマのひもで表しています。

コマの中の写真は、あくまで一例です。1日に実際にとっている料理の数を数える場合には、右側の『料理例』を参考に、いくつ（SV）とっているかを確かめることにより、1日にとる目安の数値と比べることができます。お子さんの食事の内容と比べてみてください。

栄養・食生活に関するホームページ　http://www.fukushihoken.metro.tokyo.jp/kenkou/kenko_zukuri/ei_syo/index.html
問い合わせ先　東京都福祉保健局保健政策部健康推進課　電話番号03-5320-4357（ダイヤルイン）
東京都福祉保健局

（http://www.fukushihoken.metro.tokyo.jp/kensui/ei_syo/youzi.files/youzimukekomaposuta.pdf）

課題

ワークシート「3〜5歳児の献立作成シート」を用いて、以下の課題を進めよう。

A. 朝・昼・おやつおよび夕食のメニューを考えよう。

B. 各料理グループのSV値が必要な値となっているか、またエネルギーが許容範囲内にあるか、確認しよう。

C. 考察・感想を書こう。

付録2　食事バランスガイドにおけるサービング数

付表2.1　おおまかに料理のサービング数(SV)を知りたい場合

各料理のサービング数(SV)は，あくまで重量の一例から計算している．実際に飲食する料理とは一致しない場合があるので，目安として使用する．
食材料の重量は原則として生の重量である（副菜重量の「つ（SV)」の算出に際し，乾物は戻した重量として扱っている）．
茶碗蒸しは本来主菜ではないが，多様な活用の状況を考慮して主菜に加えた．
表中の値は，日本食品標準成分表を基に算出している．

主食						
料理名	つ（SV）					エネルギー
	主食	副菜	主菜	牛乳・乳製品	果物	kcal
ご飯（大盛り　1杯）	2					340
ご飯（中盛り　1杯）	1.5					250
ご飯（小盛り　1杯）	1					170
おにぎり　1個	1					170
白がゆ	1					140
うな重	2		3			630
エビピラフ【ご飯，タマネギ，マッシュルーム】	2	1	1			480
親子丼【ご飯，タマネギ，鶏肉，卵】	2	1	2			510
カツ丼【ご飯，タマネギ，豚肉】	2	1	3			870
カレーライス【ご飯，ジャガイモ，タマネギ，ニンジン，豚肉】	2	2	2			760
すし（にぎり)【ご飯，マグロ，イカ，エビ，卵】	2		2			500
チキンライス【ご飯，鶏肉】	2		1			650
チャーハン【ご飯，ニンジン，シイタケ，ピーマン，ハム，卵】	2	1	2			700
天丼【ご飯，えび】	2		1			560
ビビンバ【ご飯，ホウレンソウ，ダイコン，ぜんまい，牛肉，卵】	2	2	2			620
トースト（6枚切り)	1					220
トースト（4枚切り)	1					300
クロワッサン（2個)	1					360
ロールパン（2個)	1					190
ぶどうパン	1					220
調理パン【パン，スイートコーン】	1					280
ハンバーガー【パン，合いびき肉】	1		2			500
ピザトースト【パン，チーズ】	1			4		340
ミックスサンドイッチ【パン，キュウリ，レタス，ハム，卵，チーズ】	1	1	1	1		550
かけうどん	2					400
てんぷらうどん【うどん，エビ】	2		1			640
ざるそば	2					430
ラーメン	2					430
チャーシューメン【中華めん，メンマ，青菜，豚肉】	2	1	1			430
天津メン【中華めん，卵】	2		2			680
焼きそば【中華めん，キャベツ，タマネギ，ニンジン，ピーマン，豚肉】	1	2	1			540
スパゲッティ（ナポリタン)【スパゲッティ，タマネギ，ニンジン，マッシュルーム，ピーマン】	2	1				520
お好み焼き【小麦粉，キャベツ，ヤマイモ，豚肉，イカ，サクラエビ】	1	1	3			550
たこ焼き【小麦粉，タコ，卵】	1		1			320
マカロニグラタン【マカロニ，牛乳，チーズ】	1			2		450

副菜						
料理名	つ（SV）					エネルギー
	主食	副菜	主菜	牛乳・乳製品	果物	kcal
うずら豆の含め煮		1				110
カボチャの煮物		1				120
きのこのバター炒め【エノキ，シイタケ，シメジ】		1				70
キャベツの炒め物		2				210
キュウリとワカメの酢の物		1				30
切り干しダイコンの煮物【切り干しダイコン，シイタケ，ニンジン】		1				120
きんぴらゴボウ【ゴボウ，ニンジン】		1				100
コマツナの炒め煮		1				100
コロッケ【ジャガイモ，タマネギ】		2				310
サトイモの煮物【サトイモ，シイタケ，ニンジン，サヤインゲン】		2				120
ジャガイモの煮物【ジャガイモ，タマネギ，ニンジン】		2				170
シュンギクのごまあえ		1				80
ナスのしぎやき【ナス，ピーマン】		2				210
なます【ダイコン，ニンジン】		1				90
ニンジンのバター煮		1				70
ひじきの煮物【ひじき，ニンジン】		1				100
ふかし芋		1				130
ホウレンソウのお浸し		1				20
ホウレンソウの中国風炒め物【ホウレンソウ，モヤシ，タケノコ】		2				210
ポテトフライ【ジャガイモ】		1				120
モヤシニラ炒め【モヤシ，ニラ，ニンジン】		1				190
野菜の煮しめ【サトイモ，シイタケ，タケノコ，ニンジン，レンコン，コンニャク，ゴボウなど】		2				130
野菜の天ぷら【カボチャ，サツマイモ，ダイコン，シシトウガラシ，ナス，レンコン】		1				230
枝豆		1				70
海藻とツナのサラダ【とさかのり，キュウリ，ワカメ】		1				70
キャベツのサラダ		1				50
キュウリのもろみ添え		1				30
冷やしトマト		1				20
ポテトサラダ【ジャガイモ，キュウリ，ニンジン】		1				170
レタスとキュウリのサラダ【レタス，トマト，キュウリ】		1				50
ゆでブロッコリー		1				90
ジャガイモのみそ汁【ジャガイモ，タマネギ，ワカメ】		1				70
根菜の汁【ダイコン，ゴボウ，シイタケ，ニンジン，ネギ】		1				20
コーンスープ【スイートコーン，タマネギ】		1				130
野菜スープ【キャベツ，タマネギ，ニンジン，サヤエンドウ，セロリ】		1				60

（加藤秀夫ら，スポーツ・運動栄養学第2版，講談社サイエンティフィック，東京. p. 157. 2012.）

主菜						
料理名	つ（SV）					エネルギー
	主食	副菜	主菜	牛乳・乳製品	果物	kcal
ウインナーのソテー（2本）			1			180
おでん【豆腐，さつま揚げ，ちくわ，ダイコン，コンニャク，サトイモ，フキ，ゴボウ】		4	2			240
オムレツ【卵2個】			2			220
がんもどきの煮物【がんもどき，ダイコン，ニンジン，シュンギク】		1	2			180
ギョウザ【豚肉，キャベツ】		1	2			350
クリームシチュー【鶏肉，ジャガイモ，タマネギ，ニンジン，ブロッコリー，マッシュルーム，牛乳】		3	2	1		380
魚の照り焼き【ブリ】			2			220
魚のフライ【マダラ】			2			250
サケの塩焼き【サケ】			2			120
サケのムニエル【サケ】			3			190
さしみ【マグロ，イカ】			2			80
サンマの塩焼き【サンマ】			2			210
すき焼き【牛肉，卵，豆腐，しらたき，シュンギク，シイタケ，ネギ】		2	4			670
酢豚【豚肉，タマネギ，ニンジン，タケノコ，ピーマン】		2	3			640
たたき【カツオ】			3			100
茶碗蒸し【卵，鶏肉，かまぼこ】			1			70
天ぷら盛り合わせ【キス，イカ，エビ，ダイコン，サツマイモ，ニンジン，シイタケ，シシトウガラシ】			2			410
鶏肉のから揚げ【鶏肉】			3			300
トンカツ【豚肉】			3			350
南蛮漬け【アジ】			2			230
煮魚【サバ】			2			210
肉じゃが【牛肉，ジャガイモ，しらたき，タマネギ】		3	1			350
ハンバーグ【牛肉，豚肉，タマネギ，レタス】		1	3			410

主菜						
料理名	つ（SV）					エネルギー
	主食	副菜	主菜	牛乳・乳製品	果物	kcal
ビーフステーキ【牛肉】			5			400
干物【カマス】			2			80
豚肉のしょうが焼き【豚肉】			3			350
麻婆豆腐【豆腐，豚肉】			2			230
焼きとり（2本）【鶏肉】			2			210
ロールキャベツ【豚肉，ベーコン，キャベツ，タマネギ】		3	1			240
卵焼き【卵1.5個】			2			150
目玉焼き【卵1個】			1			110
納豆（1パック）			1			110
冷奴（1/3丁）			1			100

牛乳・乳製品						
料理名	つ（SV）					エネルギー
	主食	副菜	主菜	牛乳・乳製品	果物	kcal
牛乳（びん1本）				2		130
プロセスチーズ（1枚）				1		70
ヨーグルト（1パック）				1		60

果物						
料理名	つ（SV）					エネルギー
	主食	副菜	主菜	牛乳・乳製品	果物	kcal
カキ（1個）					1	60
ナシ（半分）					1	50
ブドウ（半房）					1	60
ミカン（1個）					1	50
モモ（1個）					1	40
リンゴ（半分）					1	50

付表2.2　料理材料の重量からサービング数(SV)を確認したい場合

〔手順〕①料理の主材料を主食，副菜，主菜の区分に分ける．②主材料の重量を区分ごとに合計する．③下表を用いて重量をサービング数（SV）に換算する．「70～140」とある場合は，70以上140未満を表す．分量はおおよその目安

	主材料（食品）(g)	1つ（SV）	2つ（SV）	3つ（SV）	備考
主食	ごはん（炊飯）	70～140	190～270	270～380	140～190は1.5つ(SV)(中盛り)．コンビニで販売されている「おにぎり」1個は1つ(SV)
	パン	4～6枚切り食パン1枚，ロールパン2～3個			
	ゆでめん	100～230	230～380	380～530	
	生めん	50～110	110～180	180～250	
	乾めん	40～80	80～140	140～200	
副菜	葉野菜を除く野菜など（乾物を除く）	50～110	110～180	180～250	イモ，海藻，きのこを含む
	葉野菜（調理前重量）	50～110	110～180	180～250	
	葉野菜（調理後重量）	30～70	70～120	120～170	葉野菜はゆでなどの調理により重量が減り生重量の0.7倍程度になる
	切干など乾物野菜，きのこ（乾物）	10～20	20～30	30～40	乾燥重量に対して約6を掛ければ，おおよその生重量に換算できる
	乾燥わかめ	20～40	40～60	60～80	乾燥重量に対して約3を掛ければ，おおよその生重量に換算できる
	野菜ジュース	100～210	210～350	350～490	重量の1/2を掛けた値で計算している
主菜	肉	20～50	50～80	80～110	
	ハム，ソーセージなど	30～60	60～90	90～130	
	魚	20～50	50～90	90～120	
	魚介練り製品	30～70	70～120	120～160	
	卵 (g)	30～80	80～130	130～180	卵1個（約50g）で1つ（SV）
	豆腐	70～160	160～260	260～370	豆腐1/3丁（100g）で1つ（SV）
	豆乳	110～250	250～420	420～580	
	油揚げ，厚揚げ	30～70	70～110	110～150	
	ゆで大豆	30～60	60～90	90～130	
牛乳・乳製品	牛乳	60～130	130～220	220～310	
	ホワイトソース	30～60	60～90	90～130	

（加藤秀夫ら，スポーツ・運動栄養学第2版，講談社サイエンティフィック，東京．p. 158. 2012.）

3.5. 幼児期に育みたい食習慣

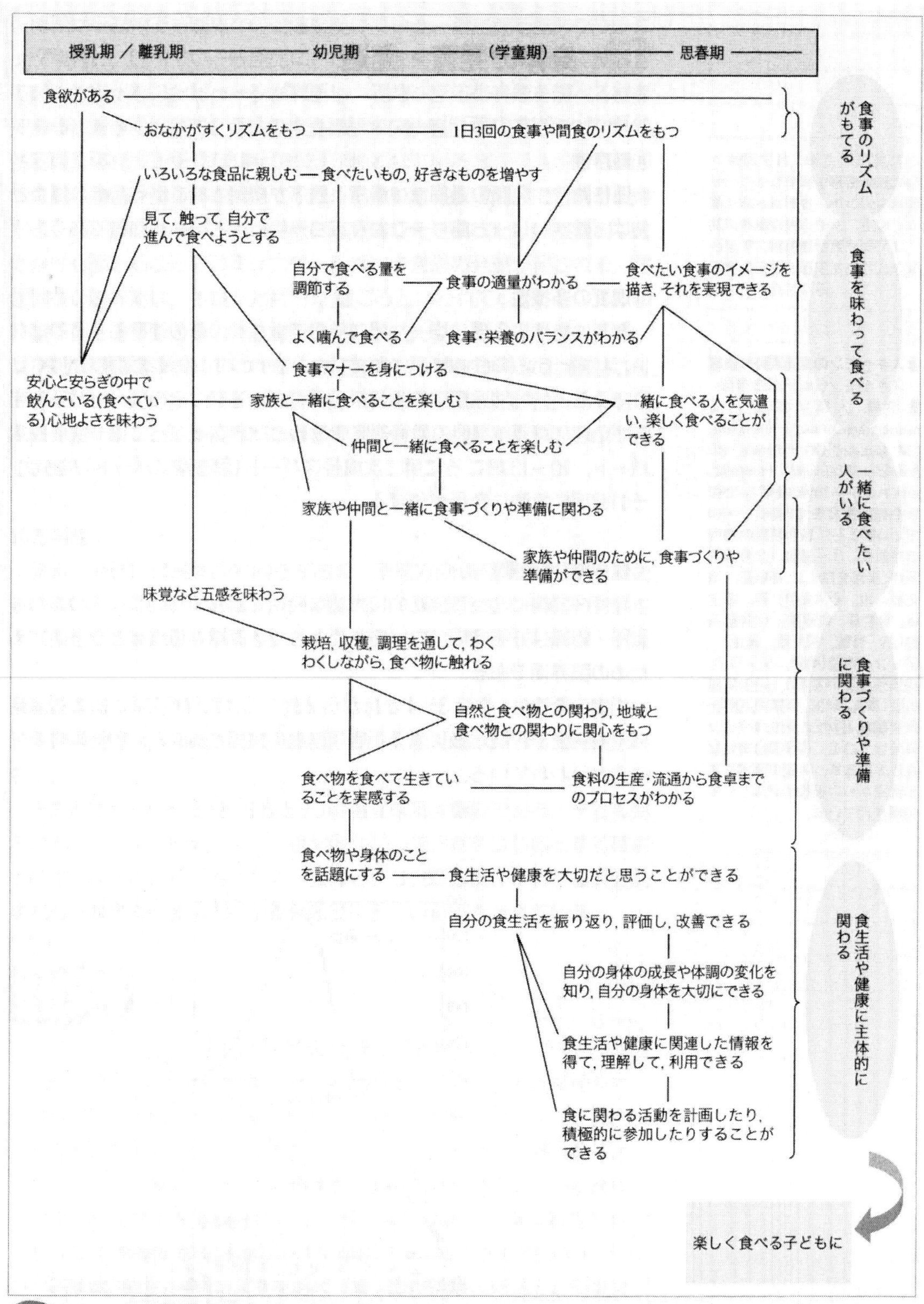

図1 発育・発達過程に応じて育てたい"食べる力"について

〔厚生労働省：「食を通じた子どもの健全育成（―いわゆる「食育」の視点から―）のあり方に関する検討会」報告書．2004〕

（水野清子ら，子どもの食と栄養改訂第2版，診断と治療者，東京. p. 59. 2014.）

表1 食育年間計画

（高松市立保育所）

年(月)齢/目的	健康づくり	食事内容	食べ方・マナー	食事への興味	家庭との連携
6か月未満児	個人差に応じて授乳を行い，離乳食を始めていき，味に慣れる.	一定間隔でミルクを飲む.	ミルク以外の味やスプーンで飲んだり食べたりする.	授乳したり食べさせてくれる人に関心をもつ.	離乳食の進め方や量などを連絡し合って進めていく.
6か月～1歳3か月未満	離乳食を進め，さまざまな食品に慣れさせながら心地よく過ごす.	食べ物に関心をもち，手づかみででも食べようとする.	喜んで噛んだり飲み込んだりし，自分で食べ物を持って食べる.	哺乳びんや食べ物を見て，嬉しそうに催促する.	保育所での様子を伝えたり，離乳食を見てもらう.
1歳3か月～2歳未満児	お腹がすいたら食事をし，心地よい生活を送る.	いろいろな食材や献立に慣れ喜んで食事をする.	スプーンやフォークを使って自ら意欲的に食べる.	目の前に準備された食事を喜び手を伸ばす.	食事の様子を細やかに伝え合い，楽しんで食事ができるようにする.
2歳児	食前食後の手洗いなどを自分でしようとする.	苦手な物も少しずつ食べてみようとする.	食事のあいさつをする．正しいはしの持ち方を知る.	友だちや保育士と一緒に食事することを喜び，楽しく食べる.	食事の様子を伝え合い，自分でしようとする気持ちや意欲を大切に受け止める.
3歳児	しっかりと遊び，空腹を感じて食事をする.	身近な大人や友だちと一緒に楽しんで食事をし，苦手な物でも食べてみようと努力する.	あいさつや姿勢など，気持ちよく食事をするためのマナーを身につける.	食べ物について興味や関心をもち，楽しく食べようとする.	家庭での様子を聞いたり，保育所での様子を伝えたりして保護者とともに進めていく.
4歳児	十分に遊び1日の生活リズムを整える.	食材の味や働きに関心をもち，バランスよく食べる.	準備や片づけなどをできる範囲で自分でしていく.	食べ物や料理の名前を知り，食事への関心を高める.	楽しく食事をすることで人と関わる力が育つことや食べる大切さを伝える.
5歳児	生活リズムの大切さを知り健康的な生活リズムを身につける.	食事の栄養バランスを考慮した食事をとる.	落ち着いた雰囲気で時間の見通しを持って食事をする習慣を身につける.	栽培を通して成長や収穫，クッキングの喜びを味わい，食への関心を高める.	育てた野菜を持ち帰り，家族で味わい，食の大切さをともに高めていく.
食物アレルギー児	医師の診断によって進め，健康状態に気をつける.	アレルギー食品を除去したり，調理を工夫したり，代替食を持参する.	代替食も他児と同じ食器で盛りつける.	体にとって除去することの大切さを知る.	調理担当者と除去食品のチェックや代替食について連携をとる.
地域との連携	長寿会の方と一緒に畑づくりから栽培を始めるなどして，育てる面白さ，収穫する喜び，食べる楽しさを実体験する.				

（児童育成協会：児童福祉施設給食関係調査研究抄録, p.165, 2010）

（水野清子ら，子どもの食と栄養改訂第2版，診断と治療者，東京. p. 76. 2014.）

表3 基本的生活習慣の獲得時期の目安

月年齢	着衣	食事	排泄	清潔	あいさつ	片づけ
6か月					人の顔の判別 人見知り	
1歳		スプーンやフォークを握る 指でつまんで食べる			知らない人のあやしに対する，うれしさと恥じらい 手でバイバイをする	
1歳6か月	靴下を脱ぐ	スプーンを使って飲む	排便を知らせる			大人の模倣をする
2歳	興味をもつ 1人で脱ごうとする	茶わんを持つ	排尿を知らせる おむつ不要な子が出始める	口をゆすぐ 手を洗う 歯みがきの真似をする 泡石けん使用		そのたびごとの指示に従う（保育者は，よくできたらしっかりとほめる）
2歳6か月	1人で着ようとする ズック靴をはく	スプーンと茶わんを両手に持つ		固形石けん使用	促されるとあいさつをする	（記憶と理解が進むので，保育者はくり返し教える）
3歳	帽子をかぶる パンツをはく	食事のあいさつができる 大体こぼさない はしの使用開始	排尿が自立する	顔を洗う 顔を拭く うがい		おもちゃを片づける
3歳6か月	ズボンをはく シャツを着る	1人で食べられる（親の補助を求める）			知っている人にあいさつをする	おもちゃに加え，タオルや衣類を片づける
4歳	靴下をはく ボタンをかける 1人で脱ぐ	遊び食べがなくなる 食卓の支度を手伝う	夜尿がほぼなくなる	歯みがきの自立		積極的に行うときと，そうでないときの差が大きい
4歳6か月	1人で着る	一時期，好き嫌いが目立つ	排便が自立する	鼻をかむ	場を察してあいさつをする	
5歳		はし使いが上手になる		髪をとかす 痰を出す		（理解も進むので，保育者は片づけの動機づけをする）
5歳6か月		食べ物の栄養を理解する				
6歳	暑さ寒さの調節ができる	好き嫌いがはっきりする				
6歳6か月	ひもを片結びする	嫌いな物も食べる				

〔井狩芳子：小児各時期の健康づくりの実践．改訂・保育士養成講座編纂委員会（編）．改訂4版・保育士養成講座 第5巻 小児保健．全国社会福祉協議会，2002〕

（水野清子ら，子どもの食と栄養改訂第2版，診断と治療者，東京. p. 172. 2014.）

3.6. 幼児・児童の肥満傾向

3.6.1. 肥満の判定基準

3.6.1.1. 成人における肥満

・Body Mass Index（BMI）が（　　）以上（日本肥満学会, 2001）

BMI = 体重 (kg) / 身長 (m) ^{2}

表3 目標とするBMIの範囲（18歳以上）[*1,2]

年齢（歳）	目標とするBMI（kg/m²）
18～49	18.5～24.9
50～69	20.0～24.9
70以上	21.5～24.9[*3]

＊1：男女共通．あくまでも参考として使用すべきである．
＊2：観察疫学研究において報告された総死亡率がもっとも低かったBMIを基に，疾患別の発症率とBMIとの関連，死因とBMIとの関連，日本人のBMIの実態に配慮し，総合的に判断し目標とする範囲を設定．
＊3：70歳以上では，総死亡率がもっとも低かったBMIと実態との乖離がみられるため，虚弱の予防および生活習慣病の予防の両者に配慮する必要があることも踏まえ，当面目標とするBMIの範囲を21.5～24.9とした．

（水野清子ら, 子どもの食と栄養改訂第 2 版, 診断と治療者, 東京. p. 47. 2014.）

体脂肪率では一般に、男性では25%以上、女性では30%以上

※測定方法や器具によって結果が異なるので、一概には言えない

3.6.1.2. 学童期における肥満傾向

・標準体重の（　　　）%以上（肥満度の（　　　）%以上）

※痩身傾向児・・・標準体重の（　　　）%以下（肥満度の（　　　）%以下）

表4 年齢別　肥満傾向児および痩身傾向児の出現率　（%）

区分		男 肥満傾向児	男 痩身傾向児	女 肥満傾向児	女 痩身傾向児
幼稚園	5歳	2.38	0.36	2.49	0.34
小学校	6歳	4.18	0.39	3.91	0.62
	7	5.47	0.40	5.38	0.66
	8	7.26	0.98	6.31	1.06
	9	8.90	1.78	7.58	1.90
	10	10.90	2.48	7.96	2.89
	11	10.02	2.90	8.69	2.74
中学校	12歳	10.65	2.43	8.54	4.16
	13	8.97	1.46	7.83	3.48
	14	8.27	1.57	7.42	2.68
高等学校	15歳	11.05	2.70	8.08	2.69
	16	10.46	1.88	7.66	1.98
	17	10.85	1.84	7.83	1.72

（文部科学省：学校保健統計調査―平成25年度結果の概要，2013）

（水野清子ら, 子どもの食と栄養改訂第 2 版, 診断と治療者, 東京. p. 82. 2014.）

3.6.1.3. 乳幼児における肥満傾向

・カウプ指数 = 体重 (kg) / 身長 (m) ^{2}

（BMIと同義）

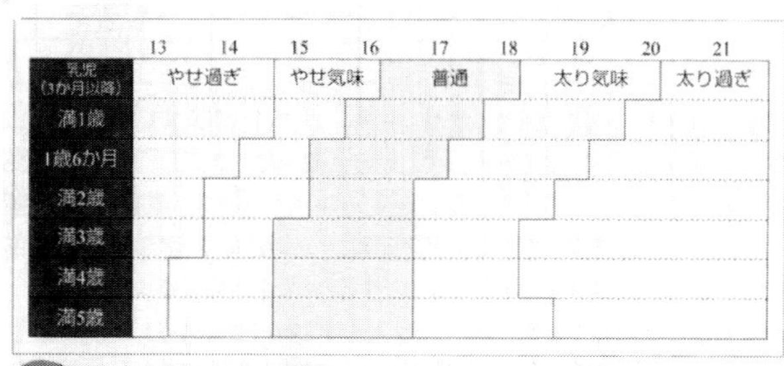

図3 カウプ指数による判定

（今村榮一，ほか（編）：新・小児保健 第7版，診断と治療社，2003）

（水野清子ら, 子どもの食と栄養改訂第 2 版, 診断と治療者, 東京. p. 80. 2014.）

3.6.2.　肥満傾向児の現状

1970 年に比べ、2000 年近くまで肥満傾向児の割合は増えていた。この理由として、①（　　　　　　　　　　　　）、②（　　　　　　　　　　　　）が挙げられる。

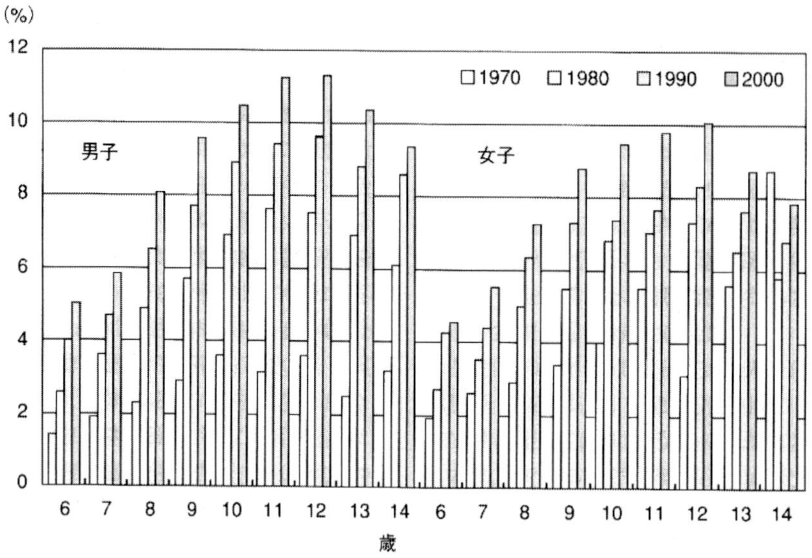

図1　肥満傾向児の頻度推移
（文部科学省-旧文部省-学校保健統計調査報告書）

（村田光範. 小児の肥満と糖尿病. 肥満と糖尿病, 2(3): 9-13, 2003.）

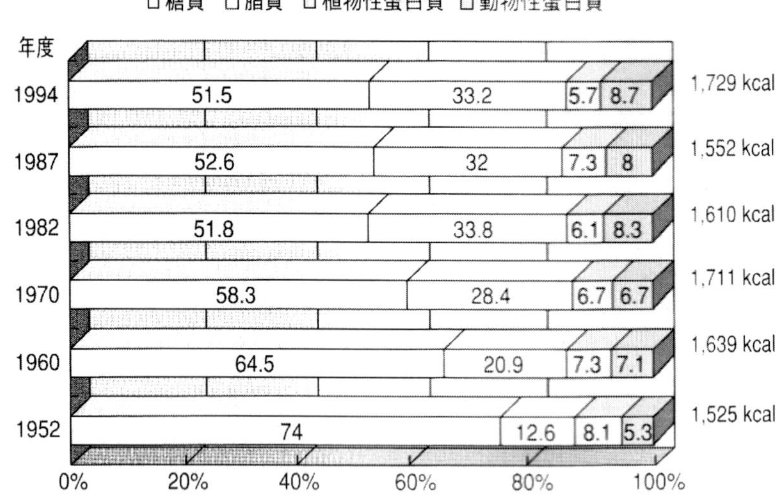

図2　東京都内在住の5歳男児における1日エネルギーと三大栄養素摂取量の年次推移（資料：東京都衛生局）

（村田光範. 小児の肥満と糖尿病. 肥満と糖尿病, 2(3): 9-13, 2003.）

近年では、肥満傾向児の出現率は（　　　　　　　）にある。幼児期や学童期に食育に関する知識を提供したことで、食に対する高い意識が子どもや家庭にも浸透していることが考えられる。

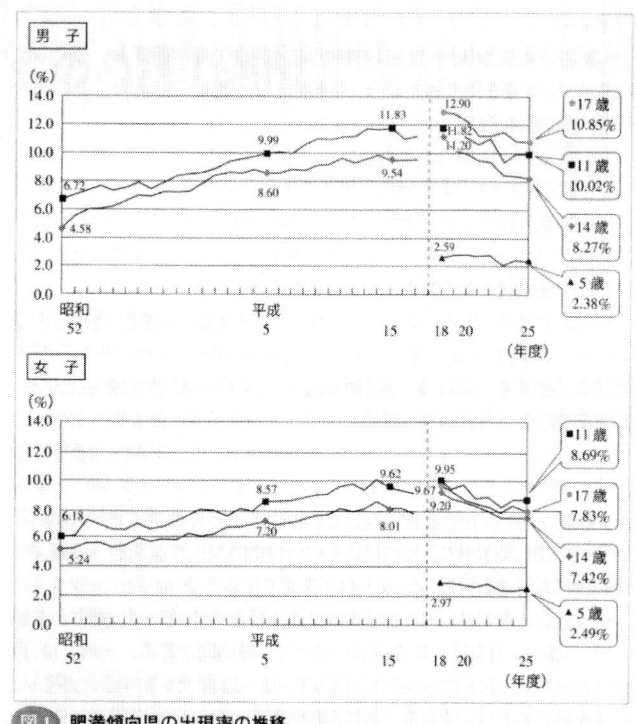

図1 肥満傾向児の出現率の推移

（注）1．平成18年度から肥満・痩身傾向児の算出方法を変更しているため，平成17年度までの数値と単純な比較はできない．
2．5歳および17歳は，平成18年度から調査を実施している．
（文部科学省：学校保健統計調査―平成25年度，2014）

（水野清子ら，子どもの食と栄養改訂第2版，診断と治療者，東京．p. 4. 2014.）

ただし、20代の脂肪エネルギー比率の状況をみると、全摂取エネルギーに対する脂肪エネルギー比率が30%以上となっている人が他の年代よりも多く、成人以降の生活習慣病の温床につながる危険性が考えられる。

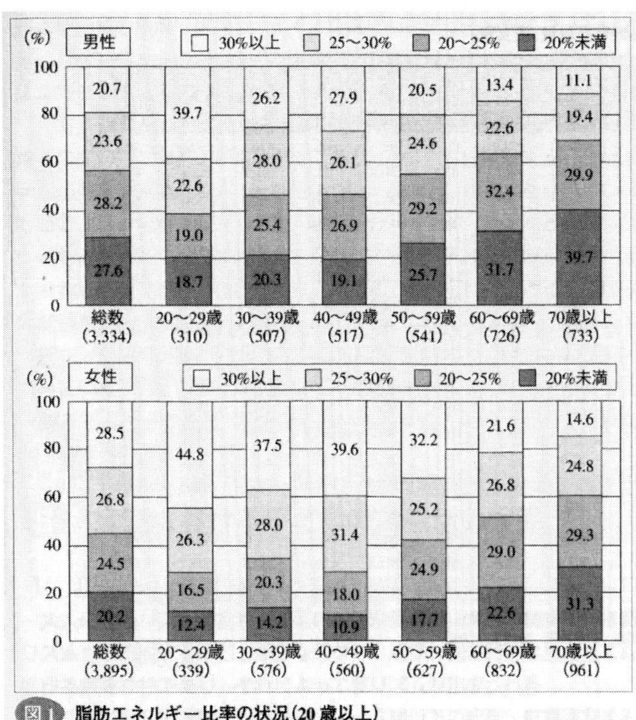

図1 脂肪エネルギー比率の状況（20歳以上）

（参考）「日本人の食事摂取基準」（2015年版）
脂肪エネルギー比率　18～70歳以上：20～30%
「健康日本21」の目標：脂肪エネルギー比率の減少
目標値　20～40歳代：25%以下
（厚生労働省：平成24年国民健康・栄養調査，2013）

（水野清子ら，子どもの食と栄養改訂第2版，診断と治療者，東京．p. 9. 2014.）

4. 免疫機能と風邪やアレルギー

4.1. 免疫機能について

4.1.1. 免疫とは

自分の細胞と非自己の物質（病原菌などの異物）とを鑑別して非自己のみを破壊し、生体の（　　　　　　　　　　　　　　　　）を保つための反応

4.1.2. 分類方法

4.1.2.1. 免疫に関与する物質による分類

白血球・・・(　　　　　　　）免疫

免疫抗体・・・(　　　　　）免疫

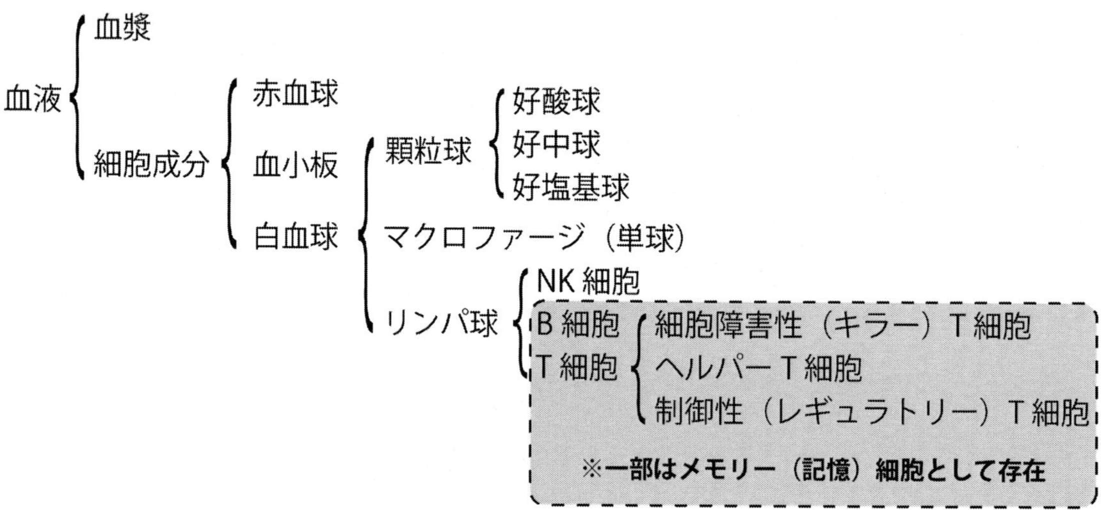

図 9-1　血液中の成分の分類

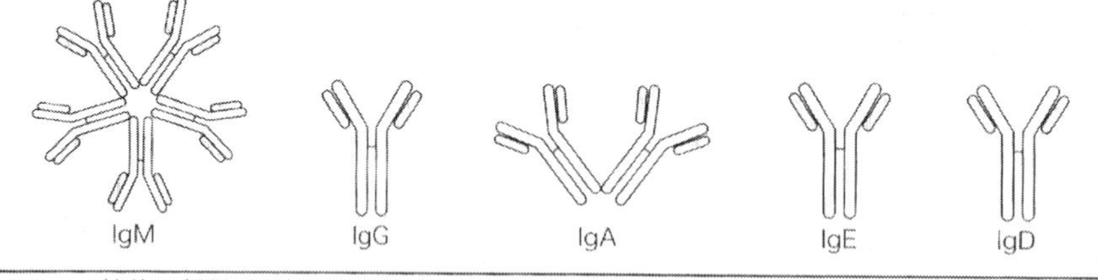

（大野秀樹ら．運動と免疫．ナップ，東京, p. 10, 2009.）

4.1.2.2.　働く部位による分類

（　　　　　　）免疫機構・・・細胞性免疫と液性免疫が補完的に働く

（　　　　）免疫機構・・・液性免疫が主体となって働く

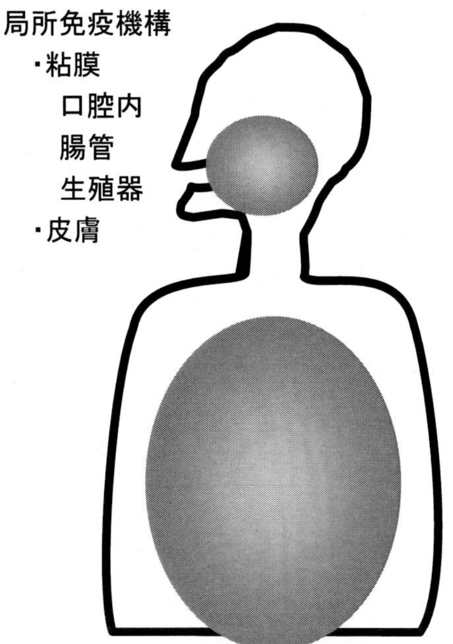

図 9-3　免疫系の種類

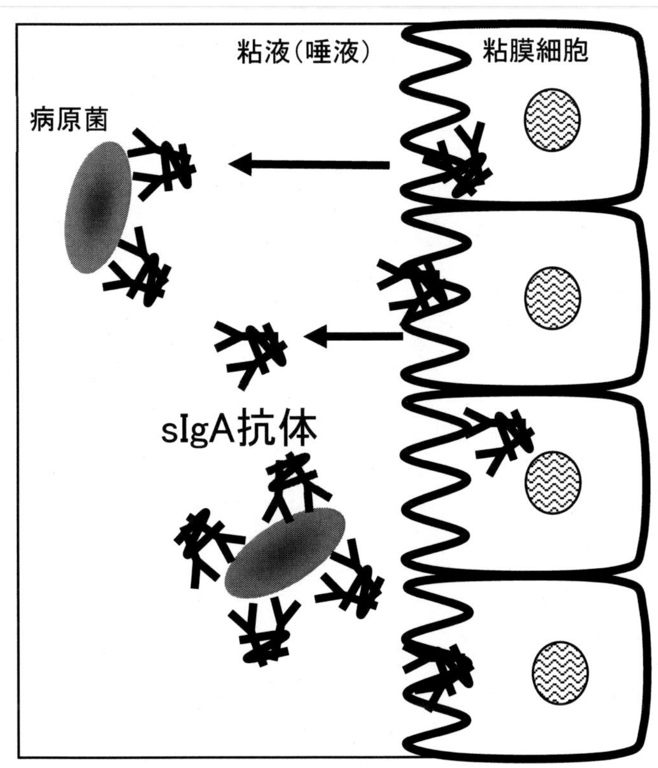

図 9-4　上気道における分泌型免疫グロブリン A（sIgA）抗体のはたらき

4.1.2.3.　免疫系の成立による分類

（　　　　）免疫・・・（　　　　　　　　　）持っている免疫系で、（　　　　　　）のすべてに対して攻撃する。マクロファージ、顆粒球、NK 細胞などから成る。

（　　　　）免疫・・・いろいろな抗原に感染することで身につく（　　　　　）に獲得される免疫系で、その抗原が再び侵入した際に（　　　　　）に攻撃する。B 細胞、T 細胞、サイトカイン、抗体などから成る。

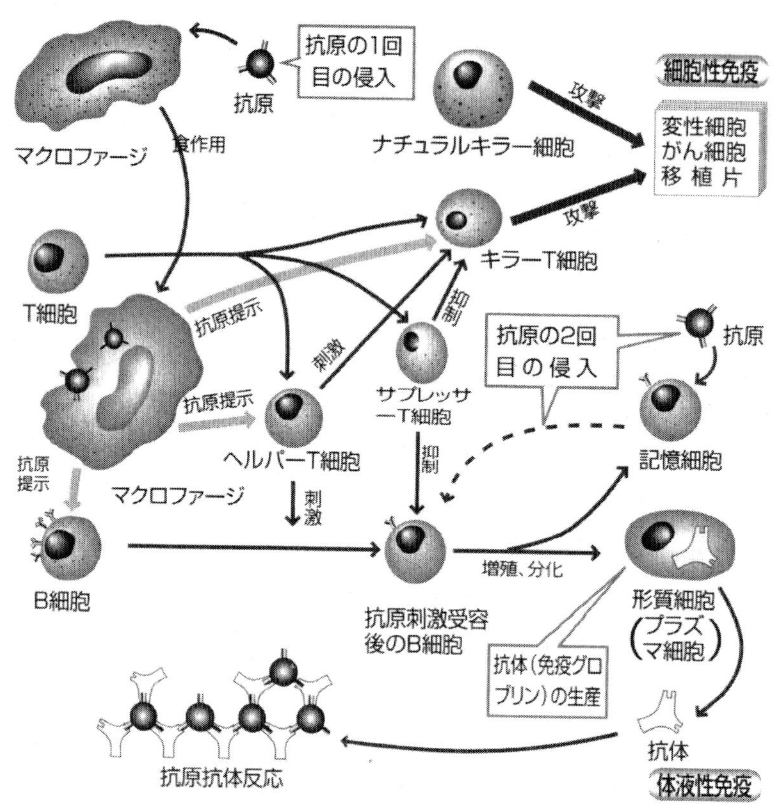

図 9-5　免疫細胞の役割分担（長野敬. 細胞のしくみ. 日本実業出版社, 東京, p. 117, 1998.）

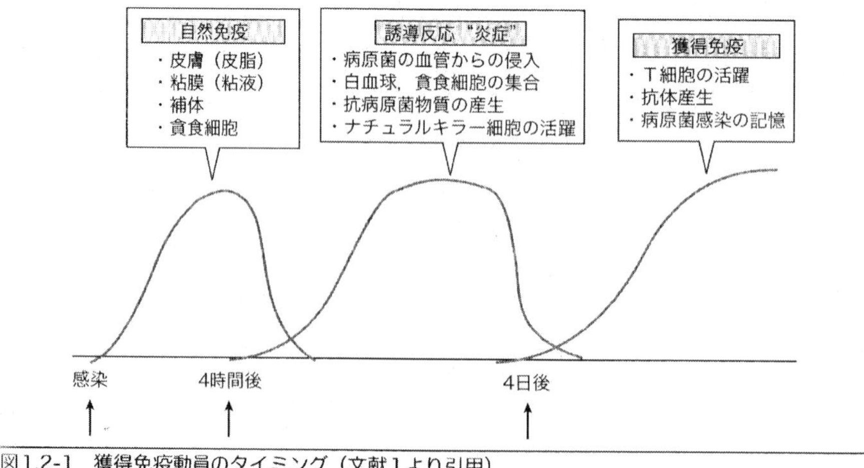

図1.2-1　獲得免疫動員のタイミング（文献1より引用）

（大野秀樹ら. 運動と免疫. ナップ, 東京, p. 7, 2009.）

4.2. 血球の名称と役割

4.2.1. 白血球サブセット

- マクロファージ（単球）・・・病原菌を認識（（　　　　　　　　））し、T 細胞や B 細胞の活性を促す。
- 顆粒球・・・好中球、好酸球及び好塩基球に分類される。好中球と好酸球は（　　　　　）を持ち、好塩基球は（　　　　　　　　　）反応に関係するヒスタミン、ブラジキニン、セロトニンなどを分泌する。
- リンパ球・・・NK 細胞、B 細胞及び T 細胞に大別され、機能も異なる。

4.2.2. リンパ球サブセット

- NK（ナチュラルキラー）細胞・・・抗原提示を受けなくても、（　　　　　　　　）に病原菌、ウイルスや汚染された細胞を破壊する。
- B 細胞・・・マクロファージからの抗原提示を受けて形質細胞に分化（発達のこと）し、病原菌の活動を抑える（　　　　　　　　　　　　　　）を産生する。
- T 細胞・・・（　　　　　　）に病原菌やウイルスを破壊する。
- メモリー（記憶）細胞・・・メモリーB 細胞、メモリーT 細胞として存在する。一度遭遇した病原菌の表面タンパク等を（　　　　）する。そのため、素早く病原菌に対応し、症状を軽度に抑えることができる。

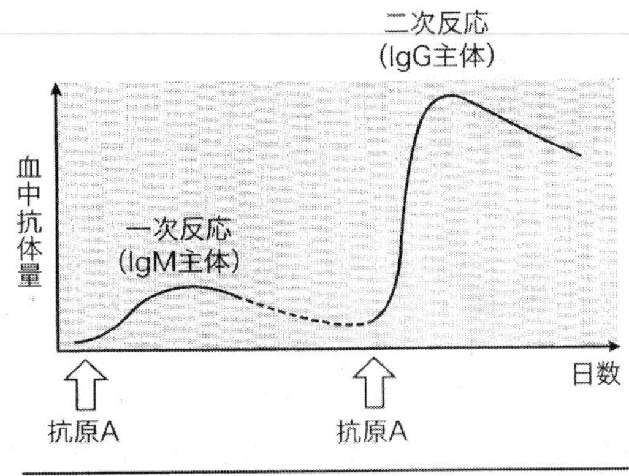

図1.2-2　免疫記憶

（大野秀樹ら. 運動と免疫. ナップ, 東京, p. 8, 2009.）

4.2.3. T 細胞サブセット

- 細胞障害性（キラー）T 細胞・・・マクロファージからの抗原提示を受けて、病原菌や汚染された細胞を（　　　　　）する。
- ヘルパーT 細胞・・・マクロファージからの抗原提示を受けて、キラーT 細胞や B 細胞の（　　　　　　　　　）る。
- 制御性（レギュラトリー）T 細胞・・・他の T 細胞の（　　　　　　　　　）る。

4.3. 発育による免疫の変化

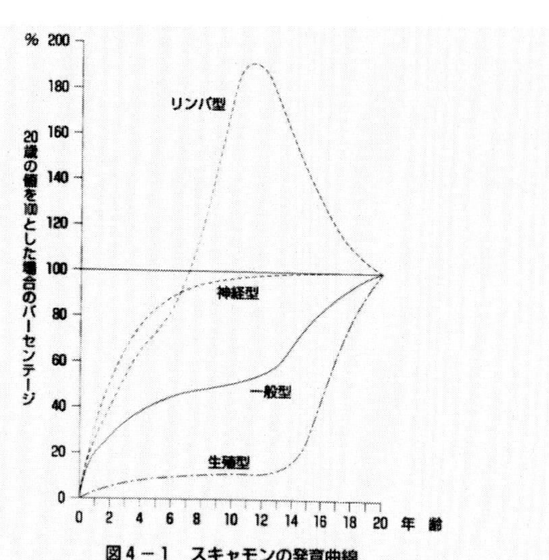

図４－１　スキャモンの発育曲線

① **神経型**：脳，脊髄など神経系と頭部の外面の計測値の発育パターン。乳幼児期，特に３，４歳までの発育が顕著であり，14歳で成人と同じ値を示す。
② **一般型**：身長，体重など頭頸部を除いた身体の外面の計測値。骨格，筋肉また，呼吸，消化器官などの発育パターン。生後数年および思春期に著しい発育がある。
③ **生殖型**：生殖にかかわる諸器官の発育パターン。思春期以降に急速な発育を見せる。
④ **リンパ型**：リンパ腺，扁桃腺などの発育パターン。12歳くらいまでの発育が著しく独特のカーブを描く。

（榎沢良彦, 入江礼子. シードブック保育内容健康　第 2 版. 建帛社, 東京, p. 40, 2009.）

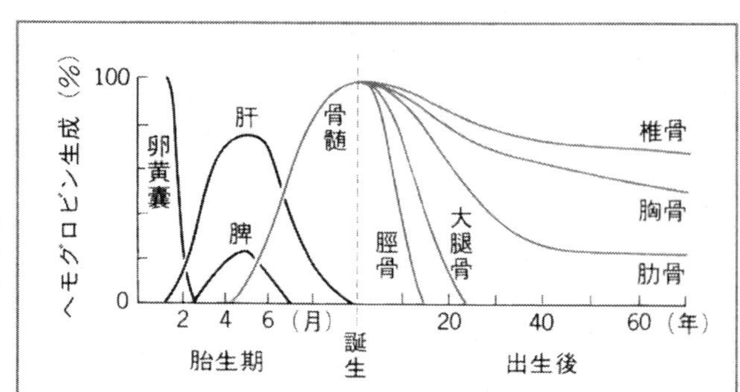

図 8-4　造血器官の変遷
胎生初期には卵黄嚢 yolk sac で，中期には肝臓と脾臓で，その後は骨髄で造血が行われる。出生後，長管骨での造血機能が消失し，成人では椎骨や扁平骨でのみ造血が行われている。

（本郷利憲ら. 標準生理学第 6 版. 医学書院, 東京, p. 489, 2005.）

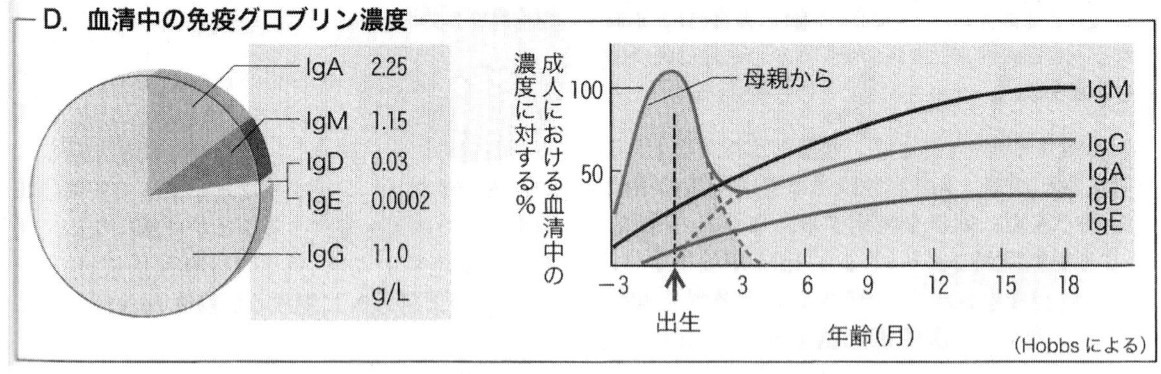

（佐久間康夫. カラー図解　よくわかる生理学の基礎. メディカル・サイエンス・インターナショナル, 東京, p. 93, 2005.）

4.4.　ストレスと免疫応答

免疫機能は、外部刺激により緊張や不安などのいわゆるストレスを受けることで、その活性が変動することが知られている。

視床下部が働くことで副腎皮質刺激ホルモン（CRH）が放出されて、副腎皮質を刺激し、コルチゾールなどのステロイドホルモンを分泌する。ステロイドホルモンは、ヘルパーT 細胞や好中球の機能を抑制する働きを持つ。

一方で、緊張や不安は交感神経を高めるが、副腎髄質からはアドレナリンなどのカテコールアミンが分泌し、T 細胞、B 細胞およびマクロファージの機能を抑制する。

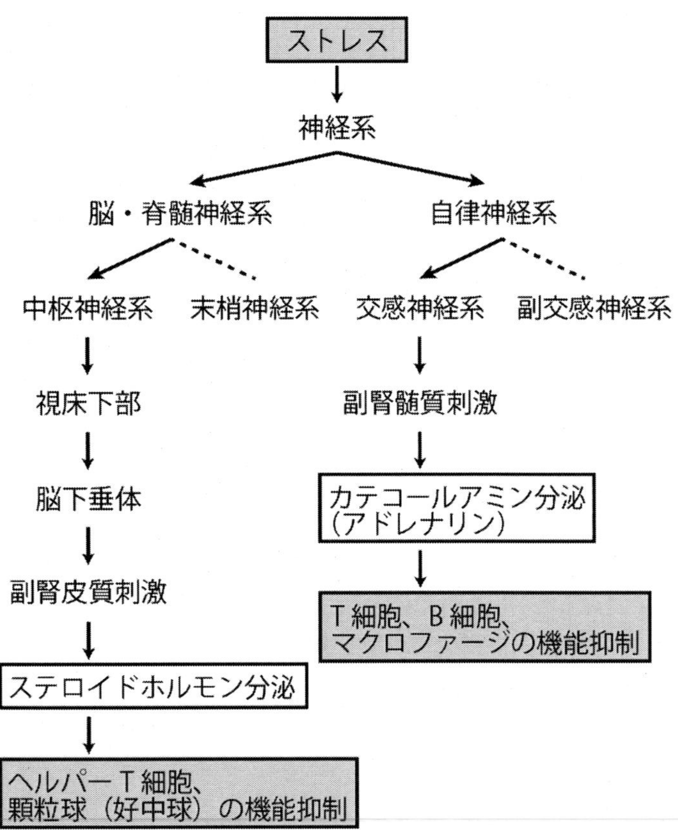

図 9-11　ストレスにおける免疫応答
（御供泰治. たとえで学ぶ免疫学. メディカ出版, 大阪, p. 117, 1997.を改変）

4.5.　各種要因による免疫応答

4.5.1.　一過性の運動に対する応答

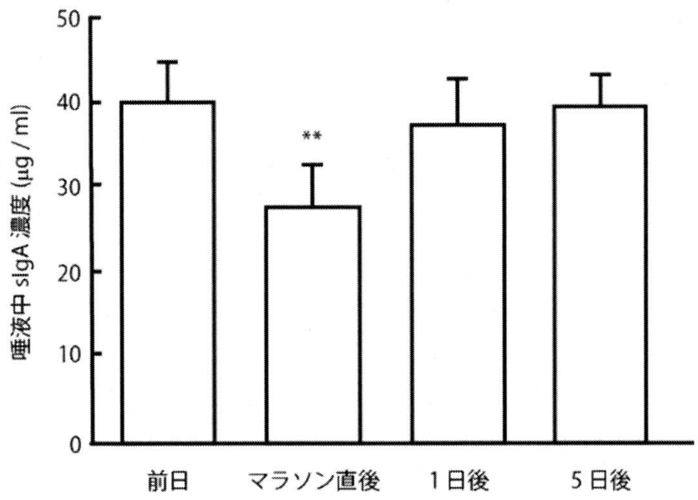

図 9-12　フルマラソン前後の唾液中 sIgA 濃度の変化
（秋本崇之ら. 体力科学 47: 53-62, 1998.を改変）

4.5.2. 継続的な運動に対する応答

適度な強度での運動は免疫機能を（　　　　）させ、激しい運動や運動の非実施は免疫機能を（　　　　）させる。このような、運動量および強度と風邪のリスクとの関係性を示した曲線を、作者の名前とその形状から「Nieman の（　　　　　　）」と呼ぶ。

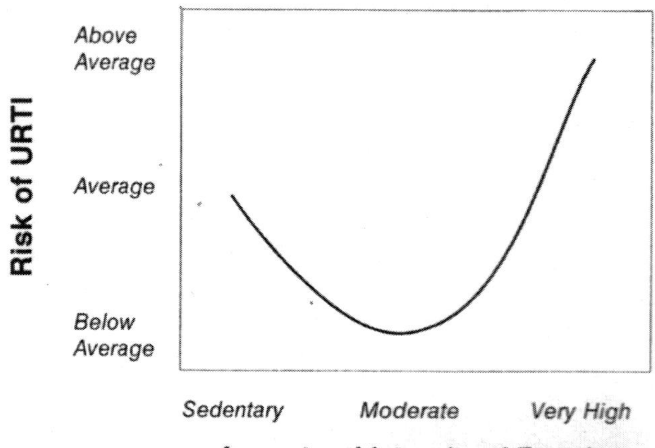

図 9-13　運動量および強度と上気道感染症（URTI）の罹患率の関係

（Nieman DC. Med Sci Sports Exerc 26: 128-139, 1994.）

4.5.3. 加齢による免疫機能の変化と運動との関係

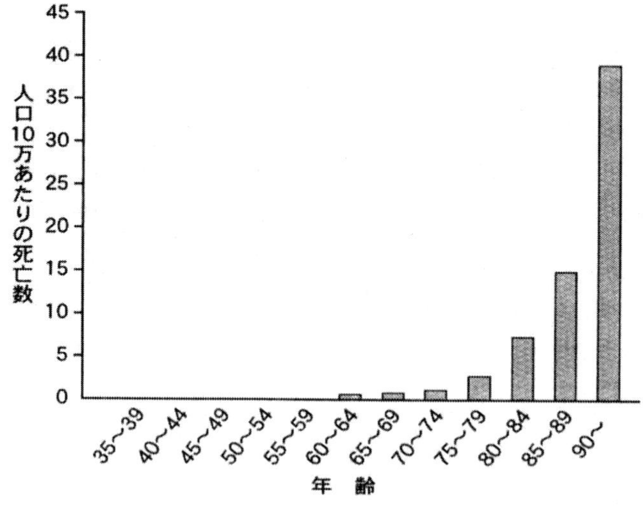

図 9-14　年齢別でみたインフルエンザでの死亡率

（岡田守彦ら．高齢者の生活機能増進法．ナップ，東京，p. 170，2000.）

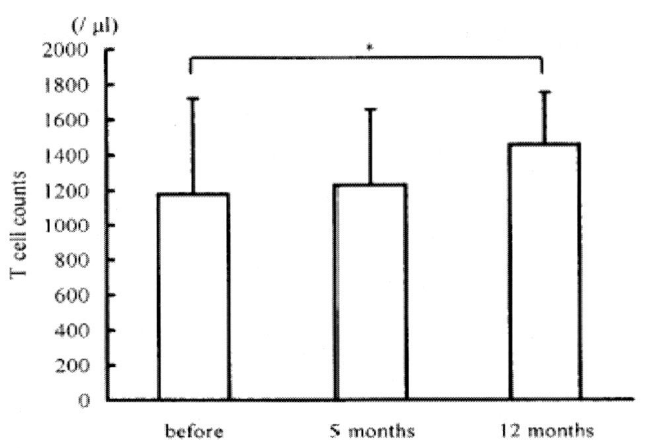

図 9-15　継続的な運動による中高齢者の T 細胞数の変化

（小泉佳右ら．体力科学, 52: S193-S202, 2003.）

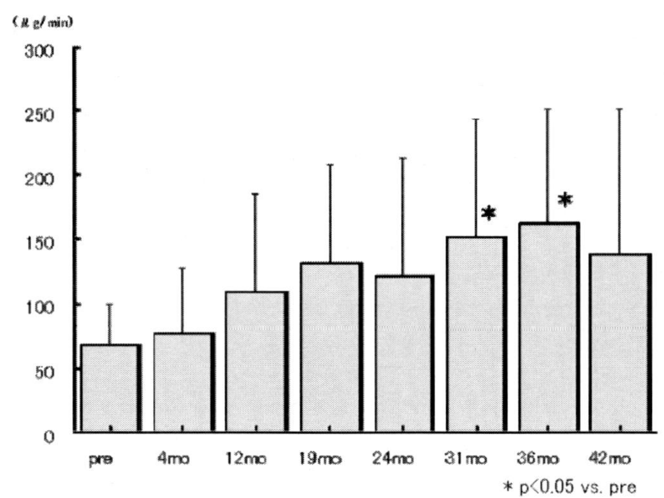

図 9-16　継続的な運動による中高齢者の唾液中免疫グロブリン A の変化

（赤間高雄ら.スポーツ科学研究, 2: 122-127, 2005.）

免疫機能は加齢に伴い低下するが、高齢者が適度な運動を継続することによって、(　　　　　　　　　　) できる可能性がある。

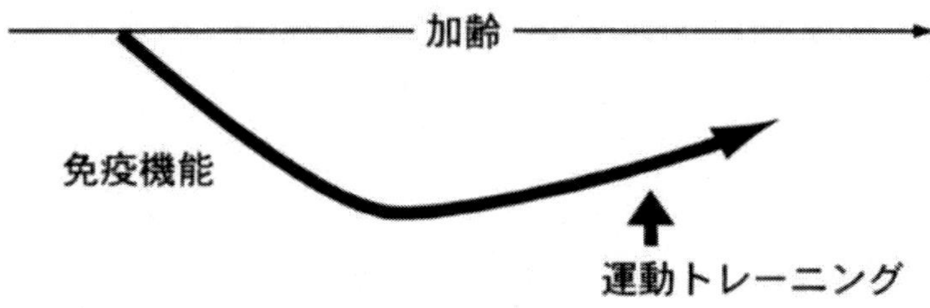

図 9-17　免疫機能の加齢変化に対する効果

（岡田守彦ら．高齢者の生活機能増進法．ナップ，東京, p. 177, 2000.）

4.5.4. スポーツコンディショニングと免疫機能

Table 3 IgA concentration in stale and well-trained elite swimmers (Study 3).

Time in season	Well-trained (n = 11)	Stale (n = 3)
Early	83.4 ± 7.9	59.0 ± 15.4
Mid	89.1 ± 5.3	61.2 ± 20.3
Late	100.0 ± 11.8	88.7 ± 23.3
Taper	95.5 ± 8.7	69.9 ± 15.9
Post- competition	84.3 ± 5.3	70.7 ± 16.6

Values represent mean + S. E.; units are ug IgA.mg protein^{-1}. $p < .02$, stale vs well-trained groups, ANOVA.

（Mackinnon LT and Hooper S. Int J Sports Med 15: S179-S183, 1994.）

4.5.5. 社会階級、年齢、性別及び喫煙習慣と sIgA との関係

・スコットランド中西部の研究

・15、35 および 55 歳の 3 年齢層

・イギリス国勢調査（1981）で用いた社会階層分類法を利用した

TABLE 1
Secretion Rate of sIgA and Salivary Volume by Social Class, Age Cohort, Sex, and Smoking Status

	sIgA (log μg/2 min)					Volume (ml)				
	Mean	*SD*	*N*	*p*	Adjusted mean[a]	Mean	*SD*	*N*	*p*	Adjusted mean[a]
Social class[b]				.0009					.0061	
I	3.73	1.56	166		3.62	.74	.64	171		.71
II	3.72	1.48	472		3.67	.76	.60	491		.76
IIIa	3.51	1.51	299		3.51	.70	.63	313		.70
IIIb	3.53	1.59	662		3.55	.69	.60	691		.69
IV	3.48	1.57	238		3.57	.69	.61	252		.71
V	3.19	1.55	98		3.34	.57	.49	100		.59
Age cohort[b]				<.0001					<.0001	
Youngest	3.74	1.48	644		3.84	.88	.67	653		.90
Middle	3.66	1.46	687		3.62	.72	.59	712		.70
Oldest	3.33	1.67	639		3.25	.54	.53	688		.54
Sex				<.0001					.0068	
Male	3.79	1.50	905		3.80	.75	.61	935		.75
Female	3.39	1.56	1065		3.37	.68	.61	1118		.67
Smoking status				.0002					ns	
Nonsmoker	3.67	1.50	1266		3.67	.71	.62	1322		.72
Smoker	3.40	1.62	703		3.39	.70	.60	730		.69

[a] Adjusted means are based on observed margins, adjusted for all variables and batch of assay, modeled as factors. $N = 1934$ for secretion. $N = 2053$ for volume.

[b] Significance for class and age cohort refers to linear trend.

（Evans P et al. Brain Behav Immun 14: 41-48, 2000.）

4.6.　正しい手洗いとうがい

4.6.1.　正しい手洗い

手指衛生の方法は目的に応じて「日常手洗い」、「衛生的手洗い」、「手術時手洗い」の 3 つに分類される。

表 9-3　手洗いの種類と目的

手洗いの種類	定義	方法※	目的
日常手洗い	食事の前やトイレの使用後など日常生活で行う手洗い	石けんと流水	汚れや有機物と一部の通過菌を除去する
衛生的手洗い	主に医療従事者が医療行為や介護の前後などに行う手洗い	速乾性アルコール製剤 石けんと流水 抗菌石けんと流水	汚れと通過菌のすべてを除去する
手術時手洗い	手術スタッフが手術前に消毒薬を使用して行う手洗い	抗菌石けんと流水、その後持続活性のある速乾性アルコール製剤	通過菌のすべてを除去するだけでなく、常在菌をできるだけ減らし、手術中の菌の増殖を抑制する

※石けん・・・抗菌剤を含まない、あるいは防腐剤としてのみ有効な低濃度の抗菌剤を含む洗浄剤（石けん）。

抗菌石けん・・・抗菌剤を含む洗浄剤（石けん）。

（https://shop.saraya.com/hygiene/category/hand_hygiene.html）

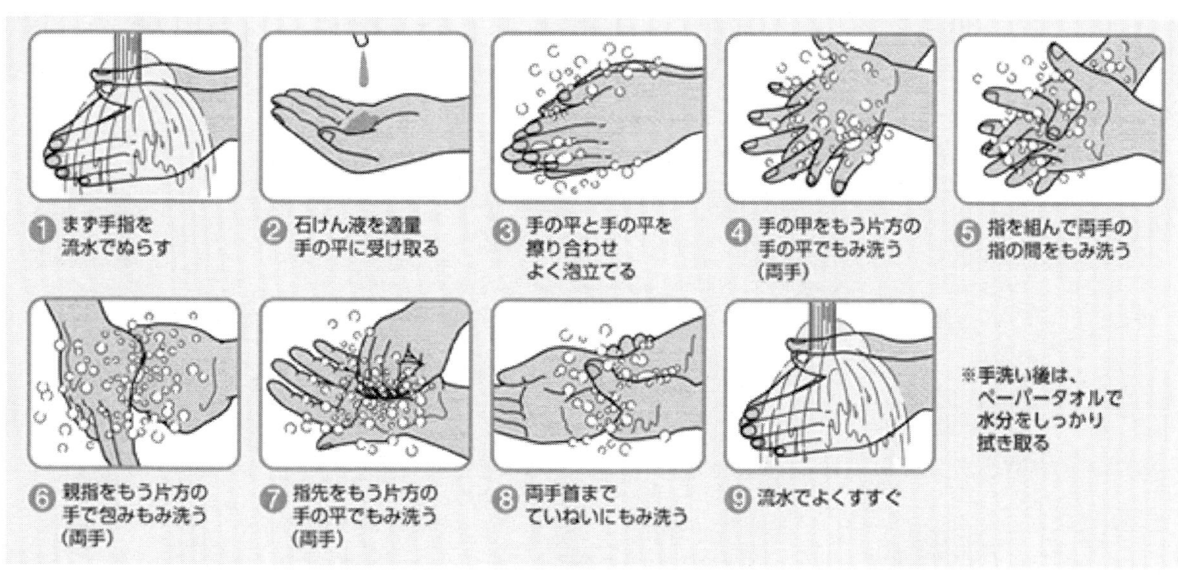

図 9-18　手洗いの手順例

（https://shop.saraya.com/hygiene/category/hand_hygiene.html）

4.6.2.　正しいうがい

①うがいの前に口をゆすぐ

最初に口全体をゆすぎます。口の中には様々な菌がいるので、それらを先に排出することが大切です。

②発声をしながらうがいをする

「お」の口のカタチは水がこぼれにくいので、「お～」と発声しながらうがいをします。声を出すことで、のどの奥へ水分を届けることができます。

③ペッと吐き出すタイミング

基本的には10～15秒ほどうがいをしたら吐き出してください。最低3回行えば完了です。

（山田真衣. 新潟日報上越かわらばん. 2016年9月4日, p. 2）

4.7.　アレルギー

4.7.1.　体外からの異物に対して、免疫機能が（　　　　　）に応答し、結果的に生体に（　　　　　　　　　）が生じることをアレルギーと呼ぶ。また原因となるもの（抗原）を（　　　　　　　　　）と呼ぶ。アレルギーは年齢により症状が異なるかたちで現れることが多く、そのような現象は「(　　　　　　　　　　)」と呼ばれる。

4.7.2.　小児が特に関与しやすいアレルギー疾患

4.7.2.1.　食物アレルギー

症状・・・じん麻疹、湿疹、下痢、咳、喘鳴（ぜんめい；ひいひい、ぜいぜいと言う音を伴った息づかい）など

病因・・・アレルゲンとなる食物

※アレルギー物質を含む食品表示

法令で規定する特定原材料（5品目）

卵、乳又は乳製品、小麦、そば、ピーナッツ

表示を奨励する特定原材料（19品目）

あわび、イカ、いくら、エビ、オレンジ、カニ、キウイフルーツ、牛肉、クルミ、さけ、さば、大豆、鶏肉、豚肉、まつたけ、もも、やまいも、リンゴ、ゼラチン

予防法・・・食物そのものを摂取しない（子ども（　　　　　　　　　　　　　））

4.7.2.2.　気管支喘息

症状・・・発作性の気道狭窄を繰り返し、呼吸困難、喘鳴、咳など

病因・・・ダニ、ハウスダスト、タバコの煙、気象の変化、運動、興奮

予防法・・・ダニやハウスダストなどの（　　　　　　　　　　）の除去

気道の（　　　　　）、気道の（　　　　　）

（　　　　　　　　）による呼吸機能の改善

（　　　　　　）強化

4.7.2.3.　アトピー性皮膚炎

症状・・・表皮、中でも角層の湿疹・皮膚炎を伴い、慢性的な炎症と掻痒（そうよう；かゆみ）など

病因・・・ダニ、ハウスダスト、卵白、牛乳、汗、ストレス、角質の乾燥

予防法・・・ダニやハウスダストなどの（　　　　　　　　　　）の除去
（　　　）対策（シャワーを浴びる）
皮膚の（　　　　　）
生活指導（身体と生活室内の（　　　　）さを保つ、（　　　　　　　　　　）生活、刺激の少ない（　　　　　）、（　　　）を短く切る）

4.8.　後天性免疫不全症候群

4.8.1.　HIV（Human Immunodeficiency Virus）・・・ウイルスの 1 種。ヒトの（　　　　　　　　　　　）に感染することにより、免疫機能の活性を低下させる。これにより、感染抵抗力が低下し、日和見感染症などを発症する。

4.8.2.　AIDS（Acquired Immunodeficiency Syndrome）・・・HIV によりＴリンパ球が破壊され、（　　　　　　　　　　　　）する症候群。免疫機能が低下することにより肺炎などの感染症や、悪性腫瘍を発生、発症すると死亡率が高い。血液・精液などを経由して感染する。

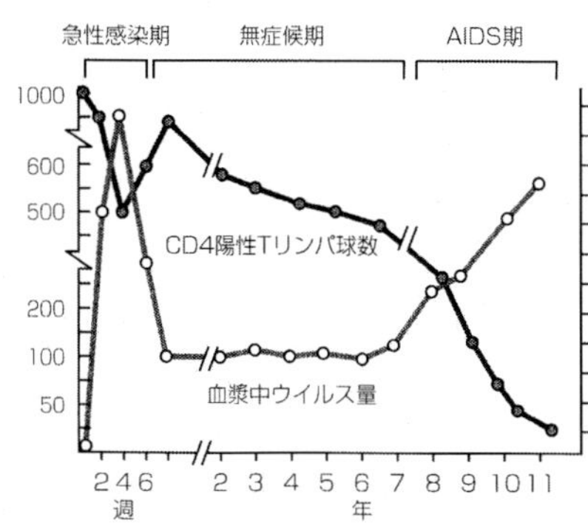

図1　HIV感染症の臨床経過
血漿中のウイルス量は，急性感染期に高値となった後，無症候期には定常状態となり，AIDS期に再び増加する．末梢血中のCD4陽性Tリンパ球数は無症候期にゆっくりと減少し，200/μlのあたりから日和見感染症に罹患することが多くなる（左の数字はCD4陽性Tリンパ球数/μl）

（斉藤隆、竹森利忠編．免疫，羊土社，p.253, 2000）

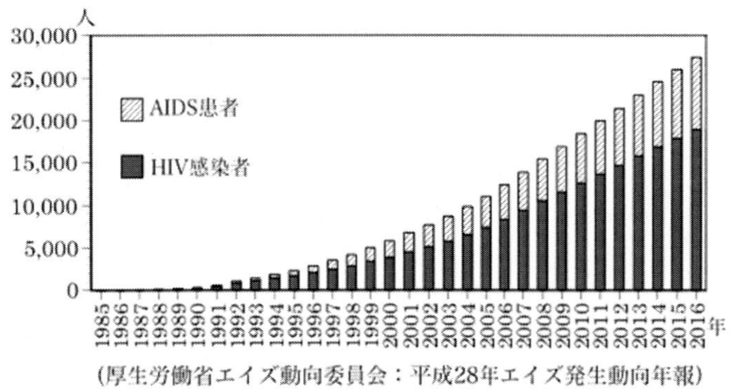

図 9-20　HIV 感染者および AIDS 患者の累積報告数（1985～2016 年）

（https://www.niid.go.jp/niid/images/iasr/2017/09/451tf01.gif）

5. 保育所保育指針「健康」領域の解説

5.1. 保育所の位置づけ

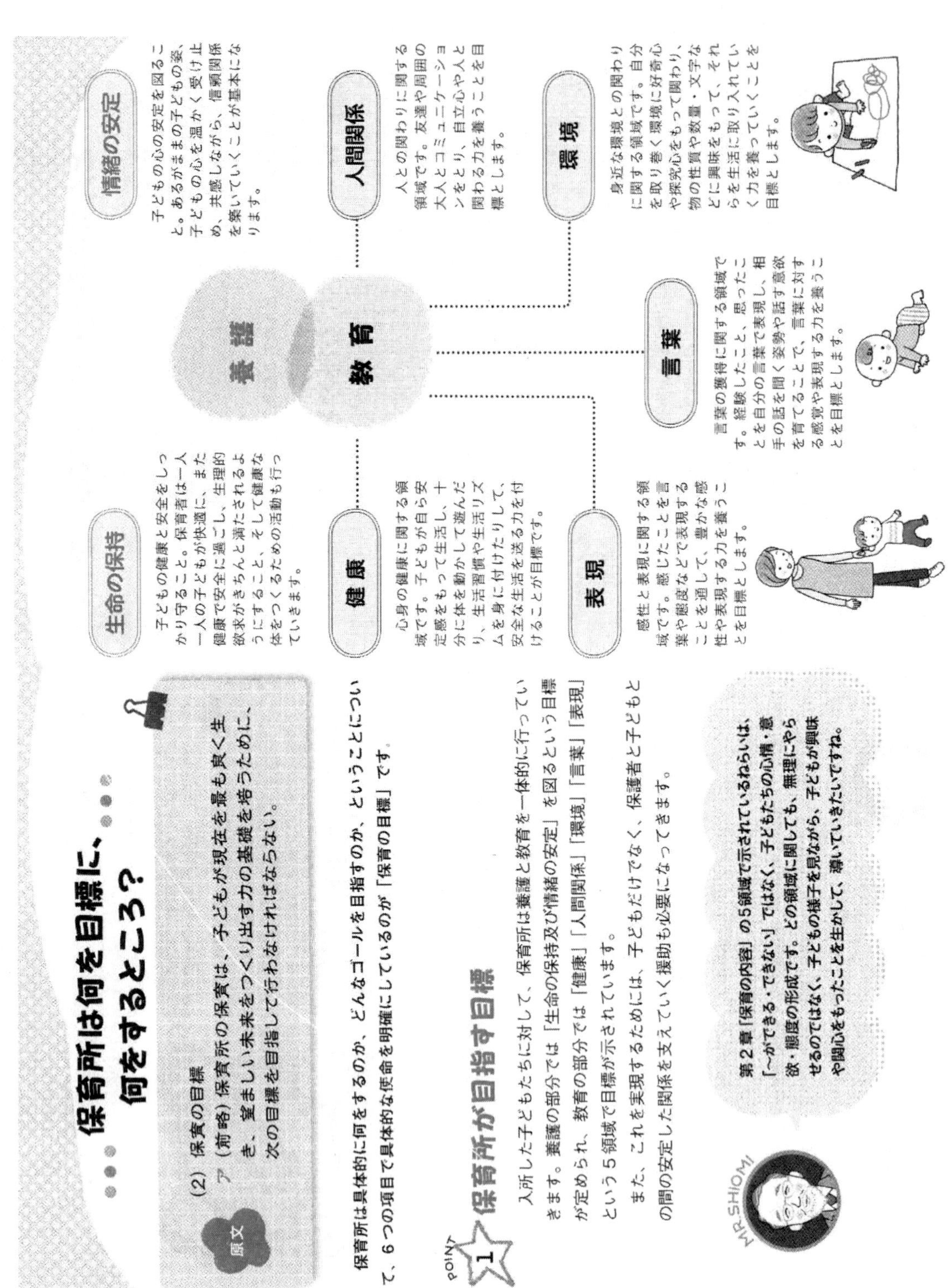

保育所は何を目標に、何をするところ？

原文

（2）保育の目標

ア（前略）保育所の保育は、子どもが現在を最も良く生き、望ましい未来をつくり出す力の基礎を培うために、次の目標を目指して行わなければならない。

保育所は具体的に何をするのか、どんなゴールを目指すのか、ということについて、６つの項目で具体的な使命を明確にしているのが「保育の目標」です。

POINT 1 保育所が目指す目標

入所した子どもたちに対して、保育所は養護と教育を一体的に行っていきます。養護の部分では「生命の保持及び情緒の安定」を図るという目標が定められ、教育の部分では「健康」「人間関係」「環境」「言葉」「表現」という５領域で目標が示されています。

また、これを実現するためには、子どもだけでなく、保護者と子どもとの間の安定した関係を支えていく援助も必要になってきます。

（汐見稔幸. 保育所保育指針ハンドブック 2017 年告示板. 学研プラス, 東京, pp. 24-25, 2017.）

5.2. 乳児の「ねらい」の解説

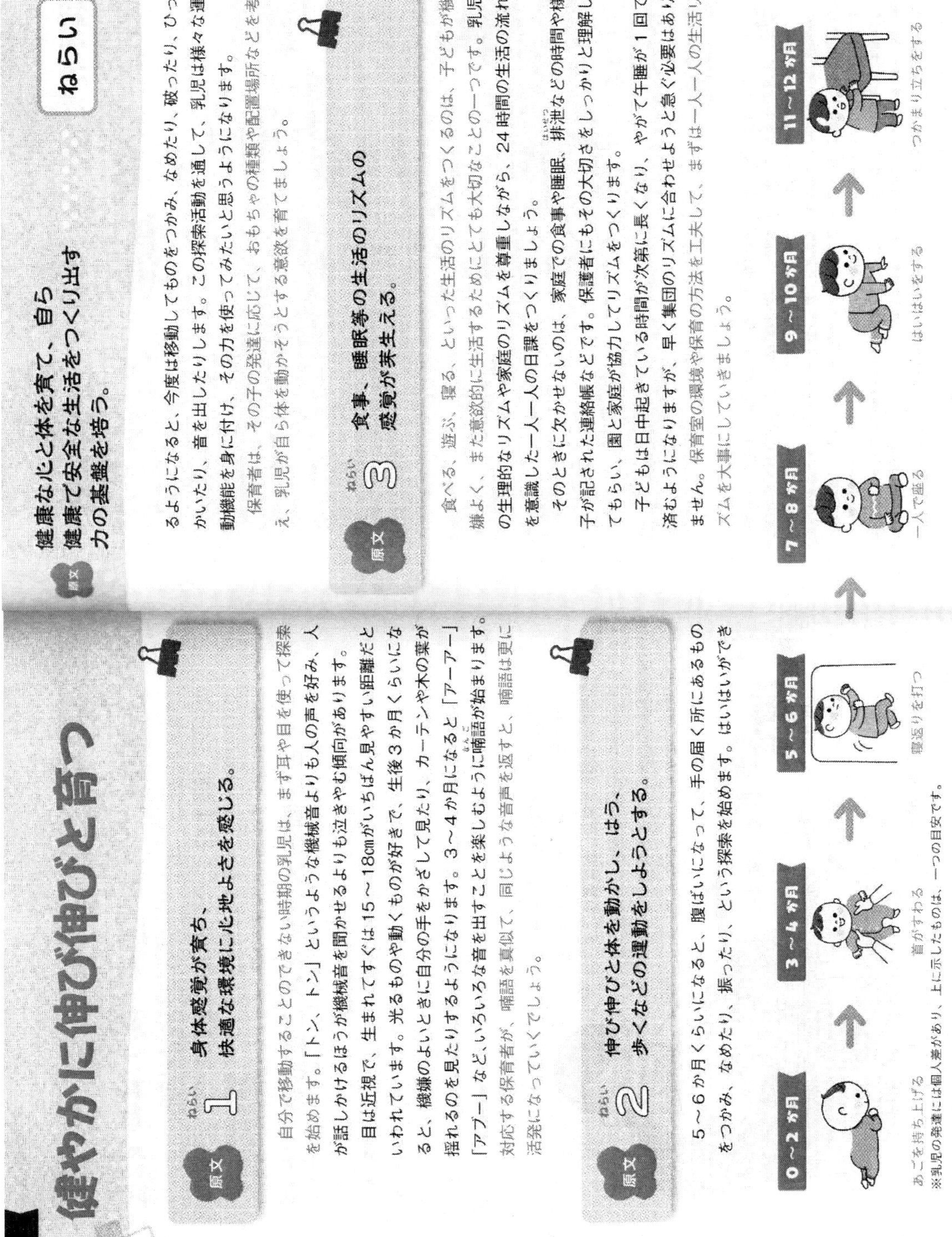

乳児

健やかに伸び伸びと育つ

原文 ねらい 1 **身体感覚が育ち、快適な環境に心地よさを感じる。**

自分で移動することのできない時期の乳児は、まず耳や目を使って探索を始めます。「トン、トン」というような機械音よりも人の声を好み、人が話しかけるほうが機械音を聞かせるよりも泣きやむ傾向があります。

目は近視で、生まれてすぐは15～18cmがいちばん見やすい距離だといわれています。光るものや動くものが好きで、生後3か月くらいになると、機嫌のよいときに自分の手をかざして見たり、カーテンや木の葉が揺れるのを見たりするようになります。3～4か月になると「アーアー」「アブー」など、いろいろな音を出すことを楽しむように喃語（なんご）が始まります。対応する保育者が、喃語を真似て、同じような音声を返すと、喃語は更に活発になっていくでしょう。

原文 ねらい 2 **伸び伸びと体を動かし、はう、歩くなどの運動をしようとする。**

5～6か月くらいになると、腹ばいになって、手の届く所にあるものをつかみ、なめたり、振ったり、という探索を始めます。はいはいができるようになると、今度は移動してものをつかみ、なめたり、破ったり、ひっかいたり、音を出したりします。この探索活動を通して、乳児は様々な運動機能を身に付け、その力を使ってみたいと思うようになります。

保育者は、その子の発達に応じて、おもちゃの種類や配置場所などを考え、乳児が自ら体を動かそうとする意欲を育てましょう。

ねらい

原文 **健康な心と体を育て、自ら健康で安全な生活をつくり出す力の基盤を培う。**

原文 ねらい 3 **食事、睡眠等の生活のリズムの感覚が芽生える。**

食べる、遊ぶ、寝る、といった生活のリズムをつくるのは、子どもが機嫌よく、また意欲的に生活するためにとても大切なことの一つです。乳児の生理的なリズムや家庭のリズムを尊重しながら、24時間の生活の流れを意識した一人一人の日課をつくりましょう。

そのときに欠かせないのは、家庭での食事や睡眠、排泄（はいせつ）などの時間や様子が記された連絡帳などです。保護者にもその大切さをしっかりと理解してもらい、園と家庭が協力してリズムをつくります。

子どもは日中起きている時間が次第に長くなり、やがて午睡が1回で済むようになりますが、早く集団のリズムに合わせようと急ぐ必要はありません。保育室の環境や保育の方法を工夫して、まずは一人一人の生活リズムを大事にしていきましょう。

※乳児の発達には個人差があり、上に示したものは、一つの目安です。

（汐見稔幸. 保育所保育指針ハンドブック 2017 年告示板. 学研プラス, 東京, pp. 70-71, 2017.）

5.3. 乳児の「内容」の解説

乳児

健やかに伸び伸びと育つ

内容

原文1 保育士等の愛情豊かな受容の下で、生理的・心理的欲求を満たし、心地よく生活をする。

原文2 一人一人の発育に応じて、はう、立つ、歩くなど、十分に体を動かす。

原文3 個人差に応じて授乳を行い、離乳を進めていく中で、様々な食品に少しずつ慣れ、食べることを楽しむ。

原文4 一人一人の生活のリズムに応じて、安全な環境の下で十分に午睡をする。

原文5 おむつ交換や衣服の着脱などを通じて、清潔になることの心地よさを感じる。

内容の取扱い

原文1 心と体の健康は、相互に密接な関連があるものである（後略）

ベースとなるのが「健やかに伸び伸びと育つ」

乳児保育において健康な心と体を育てることは、最も大切な基本です。子どもは、それを軸として身近な人と通じ合い、身近なものと関わり合っていくからです。そして、「言葉」や「表現」といった様々な能力は、その関わりの中で獲得していくものです。

心の健康と体の健康は、密接につながり合っています。子どもの情緒を安定させ、いつも安心感や信頼感を感じられるようにするためには、一人一人をよく見ることが大事です。発達も、好きな遊びや運動、食事や睡眠の仕方も千差万別。子どもをよく見て理解し、その子に合った関わりをしていきましょう。

原文2 健康な心と体を育てるためには望ましい食習慣の形成が重要（後略）

ゆったり落ち着いて、楽しく食べる

食べる喜びや食事の楽しさを味わうためには、安心できる静かな環境で、ゆったりと授乳や食事の時間を過ごせることが大事です。しかし乳児の保育室では、子どもたちがそれぞれのリズムで睡眠、食事、遊びを行っているので、保育者の動きも慌ただしくなりがちです。

保育者はなるべく大きな声を出したり、せわしなく動き回ったりしないようにすることが大切です。食事中の子どもが、近くで遊んでいる子や、他の子の食べ物が気になって落ち着かない場合には、低い棚やついたてで仕切ったり、テーブルの向きを変えたりするなど工夫しましょう。

（汐見稔幸. 保育所保育指針ハンドブック 2017 年告示版. 学研プラス, 東京, pp. 72-73, 2017.）

5.4. 1〜2 歳児の「ねらい」の解説

1歳以上3歳未満児

健康

原文 健康な心と体を育て、自ら健康で安全な生活をつくり出す力を養う。

ねらい

原文 ねらい 1 明るく伸び伸びと生活し、自分から体を動かすことを楽しむ。

歩行が安定してくる1歳児は、身の回りのものへの興味や関心が大きく広がり、行動範囲もどんどん広がっていきます。保育者は子どもの興味や関心、発達過程をしっかり見極めて、環境や関わりを工夫します。安全対策や事故防止も必要ですが、「危ないからダメ」と、必要以上に子どもの動きを止めないようにしましょう。発達が著しいこの時期、子どもの自発的な活動をしっかりと見守ってください。

また、子どもが明るく伸び伸びと活動するためには、情緒が安定していることが基本です。周囲から主体として受け止められ、自分を肯定する気持ちをもつことで、情緒は安定していきます。

例えば、子どもが「ちっち」と言ったときには、そのときの子どもの気持ちを共感的に受け止め、「一緒にトイレに行こう」などとこたえます。また、トイレに誘っても「出な〜い」と言うときには「行きたくなったら教えてね」などとこたえます。そのような応答的・受容的な関わりをしていくことで、子どもは「自分が言ったことはきちんと受け止められる」という経験をし、そこから自分を肯定する気持ちが生まれてくるのです。

原文 ねらい 2 自分の体を十分に動かし、様々な動きをしようとする。

一人で歩くことの楽しさを知り、歩くことに慣れてくると、台などを上り下りしたり、保育者と追いかけっこをしたり、かくれんぼをしたり、活発に体を動かすようになります。更に1歳頃から、身近な大人が使う身の回りのものや道具にも興味をもち、真似をしながらシャベルを持ったり、スプーンを使ったりして、手指の機能も発達させていきます。

保育者は子どもの発達過程を見極め、安全面に配慮しながら、必要な環境を整えていきましょう。

原文 ねらい 3 健康、安全な生活に必要な習慣に気付き、自分でしてみようとする気持ちが育つ。

自分でやりたい気持ちは、食事、衣服の着脱や排泄にも向かいます。最初はそれがうまくできないことのほうが多いでしょう。そんなとき、保育者は子どものチャレンジする気持ちにしっかりと向き合い、適切な援助をしながら、生活に必要な生活習慣を習得していくのを見守っていきます。また、「おなかがすいたから、おもちゃを片付けてごはんを食べようか？」と、子どもが自分で考える部分を大切にしていくことも大事です。

※子どもの発達には個人差があり、上に示したものは、一つの目安です。

（汐見稔幸. 保育所保育指針ハンドブック 2017 年告示板. 学研プラス, 東京, pp. 84-85, 2017.）

5.5.　1～2 歳児の「内容」の解説

1歳以上3歳未満児

健康

内容

原文 1 保育士等の愛情豊かな受容の下で、安定感をもって生活をする。

原文 2 食事や午睡、遊びと休息など、保育所における生活のリズムが形成される。

原文 3 走る、跳ぶ、登る、押す、引っ張るなど全身を使う遊びを楽しむ。

原文 4 様々な食品や調理形態に慣れ、ゆったりとした雰囲気の中で食事や間食を楽しむ。

原文 5 身の回りを清潔に保つ心地よさを感じ、その習慣が少しずつ身に付く。

原文 6 保育士等の助けを借りながら、衣類の着脱を自分でしようとする。

原文 7 便器での排泄に慣れ、自分で排泄ができるようになる。

内容の取扱い

原文 1 （前略）温かい触れ合いの中で、心と体の発達を促すこと。（後略）

何ができるかではなく、何を願っているかをくみ取る

活動範囲が広がり、やってみたい、触ってみたい、という気持ちが大きくなると、遊びだけでなく、最初はできなかった身の回りのことでも、何度も試したり、挑戦したりしているうちに次々とできるようになっていきます。このとき保育者に求められるのは、「〇〇ができるようになった」という目に見える変化だけでなく、子どもがそこで何を感じ、また何を願っているかということをくみ取る視点です。子どもの気持ちに寄り添う言葉をかけながら、共感をもって根気強く見守っていくことで、遊びや活動、そして挑戦は、子どもにとってより満足感の深いものになっていきます。

原文 2 （前略）ゆったりとした雰囲気の中で食べる喜びや楽しさを味わい、（後略）

食べることの喜びを味わえる工夫を

食習慣の自立とは、生活のリズムに合わせて規則正しく食べたり、食事のマナーを身に付けたりすることですが、この時期の子どもはまだそこまでには至りません。まずは「食べるって楽しいね」という根幹の部分を、毎日しっかり経験していくことが大事です。例えば、おなかがすいていないとき、あるいは嫌いなものを、「食べなさい」と言われて食べるのは、楽しい食事とはいえません。また、味覚の形成は３歳までといわれているほど、1、2歳児は食べ物の味に敏感な時期でもあります。好き嫌いに関しては食材の形態を変えるなどして、食べることの喜びを味わえるよう工夫していきましょう。

（汐見稔幸. 保育所保育指針ハンドブック 2017 年告示板. 学研プラス, 東京, pp. 86-87, 2017.）

穴埋め部分　解答一覧

1.　身体の発育発達

p. 1　一般型　神経型　生殖器型　リンパ型
p. 2　Peak Height Velocity（PHV）
p. 4　思春期　思春期スパート　女子　向上　脂肪量も増加　停滞
p. 5　筋と同じ　同じ
p. 6　70　95　複雑化　洗練化　細分化
p. 7　基礎運動技能
p. 8　思春期　成長　第二次性徴　性ホルモン　男性　筋肉の発達　男性器　女性　月経　女性器
p. 9　出生直後から増大　11　退縮　脆弱（病気にかかりやすい）

2.　体温調節と自律神経機能

p. 13　37　エネルギー　視床下部　自律神経機能　恒常性　生命活動の維持　内分泌物質　骨格筋
寒冷環境　褐色脂肪細胞　ミトコンドリア
p. 14　赤外線　汗　気化熱　空気　物体
p. 15　恒常性　摂食　飲水　性　防御　怒り
p. 16　自律的　交感　副交感　活動　興奮　休息　リラックス　相反性　二重
p. 17　（瞳孔）散大　収縮　（涙腺、鼻腺、下顎腺、耳下腺）分泌促進　（気管支）拡張
（心拍数）　増加　減少　（血圧）上昇　低下　（血管）収縮　（立毛筋）収縮（毛が逆立つ）
（副腎髄質）ホルモン分泌促進　（腎臓）尿生成低下　（胃、小腸、大腸の活動）休止　活性化
（肛門括約筋）収縮　弛緩　（膀胱利尿筋）弛緩　収縮　（膀胱三角部）収縮　弛緩
p. 19　1.5　3.3　9.3　熱産生量の低下　体温リズムの変調　身体活動量の減少　生活の深夜化
過度な空調使用
p. 23　熱失神　熱疲労　熱けいれん　熱射病　冷却　水分　電解質　血液循環
p. 24　水分補給　休憩　運動強度

3.　栄養学の基礎とスポーツ栄養

p. 25　糖質　脂質　タンパク質　ビタミン　ミネラル
p. 26　グルコース（ブドウ糖）　グリコーゲン　無酸素的および有酸素的なエネルギー基質
グリコーゲン　筋や肝臓に貯蓄　脂質　アミノ酸　ペプチド　身体そのものを構成　低血糖
p. 27　グリセロール（グリセリン）　脂肪酸　飽和　不飽和　有酸素的なエネルギー基質
中性脂肪やコレステロール　細胞膜の構成　脂肪細胞　コレステロール値の調整　液体
過酸化脂質になりにくい　コレステロールを減少　LDL コレステロールや中性脂肪を減少
HDL コレステロールを増加
p. 29　水溶性ビタミン　常に十分摂取する必要　脂溶性ビタミン　不足の危険性は少ない　D　A　K　E
p. 30　マクロミネラル　多量に摂取する必要　カルシウム　微量ミネラル　微量の摂取で充分　鉄
p. 31　カルシウム　鉄
p. 34　1,200　1,200　1,550　1,500　2,650　2,050
p. 35　料理単位
p. 41　25　120　20　80　-20
p. 42　総摂取エネルギーの増加　脂質エネルギー比率の上昇
p. 43　低下傾向

4.　免疫機能と風邪やアレルギー

p. 44　恒常性（ホメオスタシス）　細胞性　液性
p. 45　全身性　局所
p. 46　自然　生まれつき　非自己　獲得　後天的　特異的
p. 47　抗原提示　食作用　アレルギー　非特異的　抗体（免疫グロブリン）　特異的　記憶　破壊
　　　活性を高め　活性を抑え
p. 50　向上　低下　J カーブ
p. 51　加齢に伴う免疫機能の低下を改善
p. 54　過剰　有害な反応　アレルゲン　アレルギーマーチ　個々の情報管理
p. 55　アレルゲン　保湿　保温　運動実施　腹筋力　アレルゲン　汗　保湿　清潔　規則正しい　衣服
　　　爪　ヘルパーT 細胞　免疫機能が低下

学籍番号（　　　　　　　）　氏名（　　　　　　　　　　）

課題（第 1 章）　「身長と体重の発育過程シート」

3 ページの表から、身長および体重の年齢ごとの中央値を抜き出し、1 年ごとの伸びを計算して記入しよう。またそれぞれのデータを、下のグラフ内にプロットさせて、線で結んでいこう。

身長

	男子		女子	
	中央値	前年からの伸び	中央値	前年からの伸び
出生時（0 歳）	cm		cm	
1 年 0～1 月未満（1 歳）	cm	cm	cm	cm
2 年 0～6 月未満（2 歳）	cm	cm	cm	cm
3 年 0～6 月未満（3 歳）	cm	cm	cm	cm
4 年 0～6 月未満（4 歳）	cm	cm	cm	cm
5 年 0～6 月未満（5 歳）	cm	cm	cm	cm
6 年 0～6 月未満（6 歳）	cm	cm	cm	cm

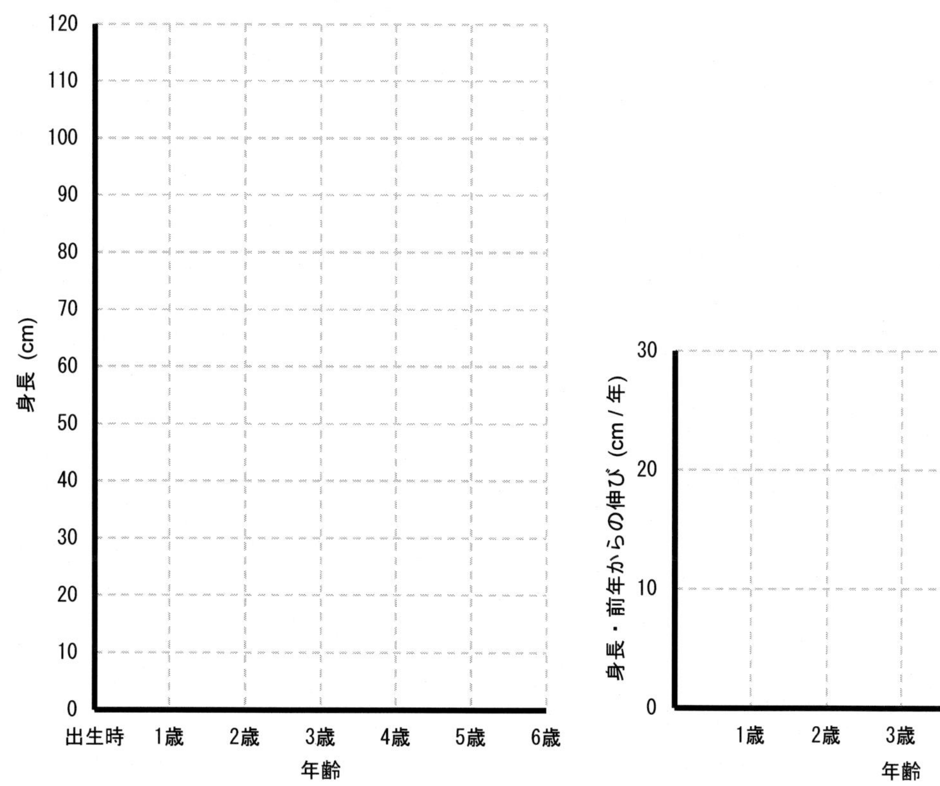

体重

	男子		女子	
	中央値	前年からの伸び	中央値	前年からの伸び
出生時（0 歳）	kg		kg	
1 年 0～1 月未満（1 歳）	kg	kg	kg	kg
2 年 0～6 月未満（2 歳）	kg	kg	kg	kg
3 年 0～6 月未満（3 歳）	kg	kg	kg	kg
4 年 0～6 月未満（4 歳）	kg	kg	kg	kg
5 年 0～6 月未満（5 歳）	kg	kg	kg	kg
6 年 0～6 月未満（6 歳）	kg	kg	kg	kg

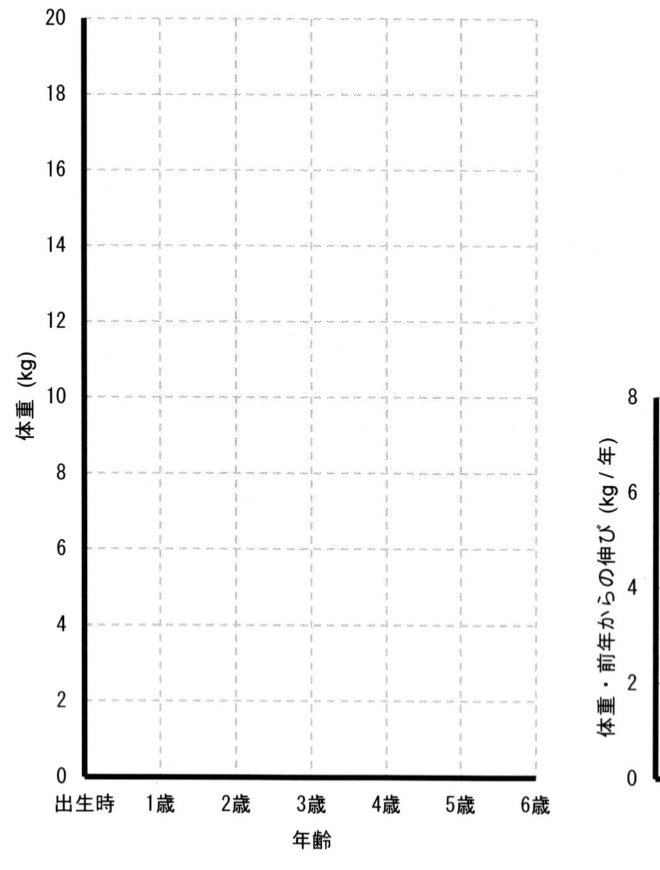

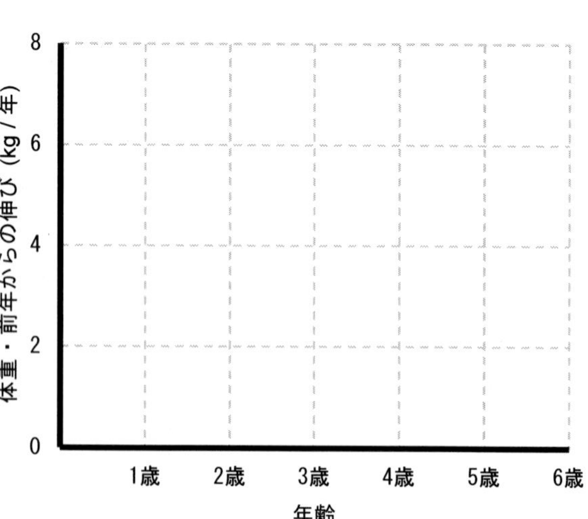

学籍番号（　　　　　　　　　　　　）　氏名（　　　　　　　　　　　　）

課題（第3章）　「3～5歳児の献立作成シート」

作業方法
A. 朝・昼・おやつおよび夕食のメニューを考えよう。
B. 各料理グループのSV値が必要な値となっているか、またエネルギーが許容範囲内にあるか、確認しよう。
C. 考察・感想を書こう。

	献立名	主食 SV	副菜 SV	主菜 SV	牛乳・乳製品 SV	果物 SV	エネルギー kcal
必要なSV（表で調べて記入）		3～4	4	3	2	1～2	男児：1,550 女児：1,500 （±100は許容範囲とする）
朝食							
昼食							
おやつ							
夕食							
合計							

考察・感想

子どもと健康　―発育と生理機能―

2020年5月12日　　初版発行

著　者　　小泉　佳右

定価（本体価格1,300円＋税）

発行所　株式会社　三　恵　社
〒462-0056 愛知県名古屋市北区中丸町2-24-1
TEL:052(915)5211
FAX:052(915)5019
URL:http://www.sankeisha.com

乱丁・落丁の場合はお取替えいたします。

ISBN978-4-86693-238-5 C1075 ¥1300E